Guía de la
Bruja del Bosque

MAGIA del
TAROT

Título original: *The Witch of the Forest's Guide to Tarot Magick*

© 2025 Librero b.v. (edición española)
www.librero.nl

Texto © 2023 Lindsay Squire
© 2023 Quarto Publishing

Edición: Chloe Murphy
Cubierta e ilustraciones del interior: Viki Lester, de Forensics & Flowers
Diseño: Georgie Hewitt

Producción de la edición española:
Traducción: Montserrat Ribas Casellas
para Delivering iBooks & Design
Redacción y maquetación:
Delivering iBooks & Design, Barcelona

Distribución exclusiva de la edición española:
Librero IBP S. L.
C/ Paseo de los Olmos, n.º 20
Planta 1.ª, oficina 7
28005 Madrid, España
www.librero-ibp.es

Impreso en China
ISBN: 978-84-1154-048-3

MIXTO
Papel | Apoyando la
silvicultura responsable
FSC® C016973

Guía de la
Bruja del Bosque

MAGIA del
TAROT

Descúbrase a través del tarot.
Conozca la magia que se
esconde tras las cartas

LINDSAY SQUIRE

ILUSTRACIONES DE VIKI LESTER

LIBRERO

ÍNDICE

4.

Los arcanos menores   84

5.

Tiradas de tarot   142

6.

Hechizos y rituales con las cartas del tarot   152

INTRODUCCIÓN

El tarot ha sido mi pasión desde los primeros tiempos de ser bruja. Fue el primer método de adivinación que probé y sigue siendo mi favorito. Soy bruja y tarotista desde hace quince años y leo las cartas profesionalmente desde hace unos cinco. Creo que el tarot nos puede facilitar el acceso a nuestros verdaderos sentimientos y a comprendernos en un nivel más profundo. Es un error común pensar que las cartas del tarot predicen el futuro. Lo que hacen es ofrecer orientación espiritual y ayudarnos a conectar con nuestra sabiduría interior para comprender mejor nuestras circunstancias.

La baraja del tarot se compone de 78 cartas, cada una de ellas con su propio significado y simbolismo. Cada baraja se divide en dos partes: los arcanos mayores (22 cartas) y los arcanos menores (56 cartas). Para mí, aprender tarot es como aprender un idioma. Requiere tiempo, paciencia y perseverancia, pero con práctica y dedicación se va adquiriendo soltura.

Recuerdo comprar mi primera baraja por Internet y esperar su llegada con impaciencia.

Era la clásica baraja de Rider-Waite-Smith. Elegí esta tras una extensa investigación, porque las ilustraciones contienen tanto simbolismo que sirven como pistas para su interpretación, algo que me resultó muy útil durante el aprendizaje. Basándome en mi propia experiencia, he incluido en este libro imágenes de las cartas de mi propia baraja de tarot (diseñada por la fantástica Viki Lester@forensicsandflowers), inspirada en la clásica de Rider-Waite-Smith. En la página 26, encontrará más información sobre el uso del simbolismo a la hora de aprender tarot.

Cuando tuve por primera vez una baraja de tarot en las manos me sentí ilusionada, pero también abrumada: aprender los significados de cada una de las 78 cartas, tanto del derecho como invertidas, me parecía una tarea monumental y no sabía por dónde empezar. Con los años he comprobado que esta es una reacción natural, sobre todo si uno se está iniciando también en la brujería. Es un momento en que tenemos muchísimas cosas por aprender, y el tarot no es diferente.

He creado este libro porque quería escribir para aquellos que se encuentran justo al principio de su viaje por el tarot, y ayudarles a desglosar los significados de cada carta de forma que les resulte más fácil de recordar. También quería tratar sobre consideraciones prácticas, como la elección de su primera baraja, la conexión y el cuidado de sus cartas, y las primeras lecturas. Espero que el libro cumpla con estos objetivos y haga más accesible para usted el sistema místico del tarot.

Todo el mundo tiene su propio estilo de adquirir conocimientos, así que el libro tratará sobre los diferentes métodos para aprender todas las cartas, como emplear la numerología, seguir el recorrido del Loco o usar el simbolismo de cada carta para comprender más a fondo su significado. El libro explora también la importancia de la intuición a la hora de leer el tarot y del uso de la energía y el poder de las cartas en trabajos mágicos.

No todas las brujas leen el tarot, ni todos los tarotistas se identifican como brujas. Ser una bruja no significa que, autómaticamente, esta persona use las cartas del tarot en su trabajo; muchas brujas deciden no hacerlo, y eso no representa ningún problema. Es una elección personal y no será menos bruja si no le apetece probar con la baraja del tarot.

Allí donde se encuentre en su recorrido por el tarot, espero que este libro le ayude de verdad. Me siento honrada de poder acompañarle en otro punto de su viaje, igual que usted ha caminado conmigo por el mío.

COSAS QUE DEBE SABER
antes de leer este libro:

El tarot no siempre es adivinación

La «adivinación» es el arte de obtener conocimientos ocultos mediante herramientas de interpretación, como las cartas del tarot. Pero, al contrario de lo que se suele creer, la lectura del tarot no trata de predecir el futuro. Las cartas nos muestran solo el resultado potencial de una situación, ya que no hay nada escrito sobre el futuro. Tenemos la capacidad de cambiar el futuro si las cartas del tarot revelan algo que no nos gusta, ya que creamos nuestro propio futuro. Nos ayudan a orientarnos en el camino de la vida y a reflexionar sobre cosas que tal vez no hayamos tenido en cuenta.

¿Qué es la cartomancia?

La cartomancia es una forma de adivinación que usa la baraja estándar de 52 naipes. Se ha usado para «decir la buenaventura» desde mediados del siglo XIV y era un pasatiempo popular en las cortes reales europeas. El tarot actual tiene sus orígenes en estos naipes.

¿En qué difiere la cartomancia del tarot?

El uso de los naipes de cartomancia para la adivinación tiende a dar respuestas claras, mientras que las cartas del tarot tienen numerosos significados ocultos. La intuición juega un papel importante a la hora de captar las energías sutiles de las cartas, lo que significa que una lectura de tarot es mucho más detallada y profunda en comparación con la de cartomancia.

Empezar su recorrido por el tarot no tiene por qué resultar abrumador

Aprender sobre 78 cartas puede parecer una tarea imposible, pero no tiene por qué serlo. Empiece por el principio y dedique 10 minutos cada día a estudiar una carta (*véase* pág. 20); de este modo, le resultará más fácil. También le ayudará a incorporar la práctica del tarot en su rutina diaria.

No es necesario tener varias barajas de tarot

Aunque muchos tarotistas tienen más de una baraja, esto no es necesario cuando se inicia el viaje por el tarot. Elija una baraja que le atraiga (*véase* pág. 13) y quédese con ella hasta haber establecido una relación sólida. Puede usar la misma baraja para cualquier hechizo que emplee el tarot, aunque algunas brujas prefieren tener una baraja aparte para su trabajo mágico; la decisión está en sus manos.

La intuición es su herramienta más poderosa para el tarot

La intuición es importante y desempeña un papel fundamental en la lectura de las cartas del tarot. Nos ayuda a entender las energías sutiles de las cartas porque dejamos que sean los sentimientos los que nos guíen a la hora de interpretarlas. Es importante aprender los significados básicos de cada carta de la baraja, pero también lo es el uso de la intuición. Puede ser como la llave que abre los misterios de las cartas, en especial si se siente abrumado y no sabe por dónde empezar.

No tiene por qué hacer lecturas para otros para ser tarotista

Leer para usted mismo ya le convierte en tarotista, ¡tanto si lee las cartas para otros como si no! No existe ninguna regla que diga que todos los tarotistas deben realizar lecturas para otras personas, así que no se sienta presionado a hacerlo si no se siente cómodo con ello.

El tarot es una habilidad que se puede aprender

Si se ha comprometido con su recorrido por el tarot, puede aprender los significados y las energías de las cartas. No necesita habilidades psíquicas especiales para aprender a leer el tarot, pues es accesible a todo el mundo. Aunque algunos tarotistas poseen habilidades psíquicas innatas, estas no son imprescindibles, porque muchas de ellas se pueden aprender, perfeccionar y entrenar.

EL LOCO

EL MUNDO

1

INICIAR EL VIAJE
POR EL TAROT

El recorrido por las cartas del tarot empieza cuando adquiere su primera baraja. En este capítulo encontrará consejos para elegir su baraja, para estar seguro de que adquiere las cartas con las que podrá conectar y sintonizar.

Puede que haya oído eso de que comprar la propia baraja no es recomendable y que eso puede afectar la forma en que se relaciona con ella. Examinaremos ambas versiones de este argumento para que sea usted quien decida qué es lo mejor en su caso. Una vez adquirida la baraja con la que conecta, o si ya tiene una, es importante saber cómo cuidar de ella y establecer una relación como parte de aprender a interpretar los misterios del tarot. Parte del capítulo está dedicado a los diferentes métodos y prácticas que le ayudarán desde el principio a profundizar en las cartas de su baraja y a sintonizar con sus energías.

Exploraremos también una gama de diferentes y fáciles métodos para estudiar y aprender el significado de cada carta, incluyendo el que yo utilicé y que creo que puede serle útil. Las cartas oraculares son otra forma popular de adivinación, y aunque el presente libro trata sobre el tarot, hablaremos de sus diferencias y similitudes.

Recuerde, el viaje por el tarot dura toda la vida, así que no sienta que debe aprenderlo todo a la vez: tómese su tiempo.

Investigue. Examine las barajas que hay en el mercado y vea qué estilos o ilustraciones captan su atención.

En el establecimiento dedicado al tarot, observe con detalles las diferentes barajas y sosténgalas en la mano. Sienta su energía y déjese guiar por la intuición.

¡No hay nada malo en comprar su baraja por Internet! Simplemente asegúrese de haber hecho una buena investigación antes de hacerlo.

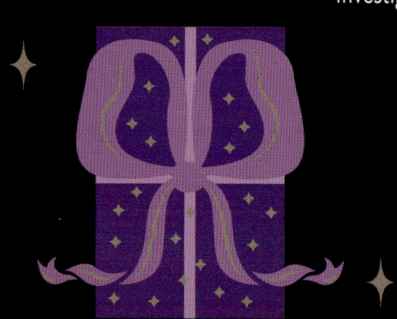

Existe la creencia de que la baraja debería ser un regalo, y no una compra personal, ¡pero esto es una superstición!

No se preocupe si aún no está seguro. La baraja de Rider-Waite-Smith es una buena elección. Es un clásico y la mayoría de las barajas modernas se basan en ella.

ELEGIR UNA BARAJA

Elegir una baraja de tarot es algo muy personal. Existen numerosísimos diseños, de clásicos a modernos, en color o monocromos, abstractos o tradicionales... Pero de lo que realmente se trata es qué tipo le atrae a usted.

Lo primero que debe hacer es investigar. Busque las barajas que estén a la venta y descubra cuáles le atraen. Si le es posible, acuda a una tienda esotérica donde pueda examinar físicamente las distintas barajas y sostenerlas en las manos para ver con detalle el diseño y déjese guiar por la intuición. A algunas personas no les gusta comprar barajas de tarot por Internet. Yo, personalmente, nunca he tenido problemas con ello, pero sí debe saber que existen falsificaciones baratas y de mala calidad.

Si después de investigar todavía no está seguro, ¡no pasa nada! La baraja Rider-Waite-Smith (o alguna basada en la misma, como la *Tarot Magick Deck*) es buena para empezar, ya que sus imágenes rebosan simbolismo y esto ayuda cuando se empieza. Yo inicié mi experiencia con la baraja Rider-Waite-Smith, y ciertamente la recomiendo para los principiantes.

Se cree que el significado y las energías de la Rider-Waite-Smith son verdaderos, y desde el momento de su publicación, en 1909, ha inspirado numerosas barajas de tarot. Algunas de ellas, como mi propia *Tarot Magick Deck* (que aparece en los capítulos 3 y 4), reflejan su simbolismo. Incluso otras barajas, de estilo más abstracto, se derivan también de ella.

Sea como sea, la elección es un asunto personal, así que ¡hágale caso a su intuición!

¿Regalo o compra?

Hay quien opina que una baraja de tarot debe ser regalada, no comprada. Algunas personas creen que si adquiere su propia baraja no funcionará, e incluso que puede traer mala suerte y energía negativa. Puedo decir, de todo corazón, ¡que esto no podría estar más lejos de la verdad!

Uno de los posibles orígenes de esta creencia es la idea de que las barajas de tarot se pasaban de generación en generación, en lugar de comprarlas, porque las cartas acumulaban poder al pasar de una a otra persona. Aunque a la mayoría de las brujas les encantaría que les regalaran una baraja que hubiera pasado por las manos de varias generaciones de familiares, esta forma de pensar no es nada práctica.

¡Quiero decir bien claro, que no pasa nada por comprar su propia baraja de tarot! Es más, así se asegura de quedarse con la que sienta más conexión. Yo tengo múltiples barajas, muchas de ellas elegidas y compradas por mí, y eso no ha me impedido de ningún modo establecer una relación con ellas.

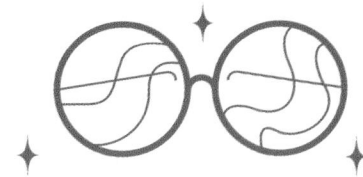

CÓMO CONECTAR
con su baraja

Existen numerosos métodos que le permitirán conectar con su baraja. Aquí exploraremos algunos de los más habituales para que puede decidir cuál de ellos le atrae más.

Dedique un tiempo a su baraja

La clave para conectar con su baraja de tarot, tanto si es la primera como no, es el uso y la práctica regular. Baraje las cartas, sosténgalas en las manos y, más importante aún, ¡practique! Cuanto más las use, más fluirá la energía entre ellas y usted y mejor será la conexión. Cuando no las utilice, manténgalas cerca de usted, en el bolso o en un bolsillo, o llevándolas al trabajo y dejándolas sobre la mesa. Cuanto más tiempo pase con su baraja, mejor. Simplemente asegúrese de tratar las cartas con respeto.

Examine las cartas

Desconecte el teléfono y siéntese en un lugar donde no puedan molestarle. Tenga a mano un cuaderno y bolígrafo por si quiere tomar notas. Examine poco a poco las cartas de la baraja. ¿Qué le llama la atención? ¿Qué cártas son las primeras que le atraen? Déjese llevar por la curiosidad. En una baraja de tarot nueva las cartas están ordenadas, así que tomese un tiempo observándolas una por una.

Medite visualmente con las cartas

Meditar visualmente con su baraja es una forma estupenda de conocerla mejor. Elija una carta que le diga algo y siéntese cómodamente. Si la carta contiene una figura, imagínese estando a su lado y manteniendo una conversación. Pregúntele quién es y qué está haciendo, fijándose en cualquier emoción o sentimiento que surja.

Duerma con la baraja

Esta es una de mis formas favoritas de entablar una relación con una nueva baraja. Puede dormir con ella bajo la almohada o dejarla en la mesita de noche. La teoría de este método es que al dormir conecta con la baraja de forma subconsciente, reforzando así su relación con ella. También permite que se transmita cualquier mensaje mediante un sueño.

Tirada para preguntar a la propia baraja

Esta es una excelente forma de examinar las energías de su baraja. Con la tirada de la página siguiente conocerá los puntos fuertes y los puntos débiles de su baraja y las lecciones que esta le puede enseñar. Encontrará más información sobre cómo leer las cartas para sí mismo en la página 144.

PREGUNTAS PARA FORMULARLE A SU BARAJA

1.

Descríbete

2.

¿Qué lecciones me ayudarás a aprender?

3.

¿Cuáles son tus puntos fuertes?

4.

¿Cuáles son tus puntos débiles?

5.

¿Cuál es la mejor manera de aprender de ti?

7.

Un mensaje que quieras transmitirme.

6.

¿Para qué tipos de lecturas eres más adecuada?

CÓMO CUIDAR DE SUS
cartas del tarot

Su baraja del tarot es una extensión energética de su persona. Le permite acceder a conocimientos ocultos y mensajes de su yo superior. Pero, como herramienta que trabaja con energía, hay que cuidarla bien para un buen rendimiento. Tratar las cartas con respeto es una gran parte de este cuidado. Cuando no use la baraja, envuélvala en una tela o póngala en una bolsa para proteger su energía. Para una protección física, guárdela en un lugar seguro, lejos de miradas curiosas.

Lo mismo que haría con un cristal antes de usarlo, es preciso purificar las cartas del tarot. Son conductoras de energía y cualquier negatividad que se pegue a las mismas se debe limpiar para que fluya la energía durante una lectura. Es una forma de higiene espiritual. Es recomendable purificar su baraja de tarot antes de cada lectura, ¡pero no tiene por qué ser algo complicado! Es importante hacerlo si compra o le regalan una baraja nueva, porque no sabe qué tipo de energías habrá acumulado antes de llegar a sus manos.

Existen muchas formas de limpiar la baraja, así que debe encontrar aquella con la que se sienta más cómodo. No existe un método correcto ni incorrecto, siempre y cuando se realice con respeto. El método más popular de limpieza es quemar unas hierbas y dejar que el humo elimine cualquier energía negativa. Quemar un atado de romero y artemisa para que el humo purifique su baraja es una forma excelente de eliminar energías no deseadas. Asimismo, puede dejar la baraja sobre una placa de selenita 24 horas para que limpie a fondo sus energías.

Otro método consiste en ordenar las cartas y después barajar. Ordene los arcanos mayores y después los cuatro palos, empezando por el as y terminando con el rey. Observe un momento la baraja ordenada antes de recoger las cartas y barajar. Pruebe también a dejar la baraja sobre un lecho de sal 24 horas para una purificación en produndidad, aunque unas pocas horas serán suficientes.

Aproveche la energía de la Luna y del Sol para limpiar su baraja. En un día soleado, deje las cartas al sol unas horas para un baño purificador. Haga lo mismo en una noche de luna llena; coloque las cartas de manera que reciban un gratificante baño de luz de luna que las purifique.

Trate sus cartas de tarot
con cuidado y respeto.

Queme unas hierbas para
que el humo las purifique.

Ponga la baraja sobre
un lecho de sal para
una limpieza a fondo.

CÓMO CUIDAR
DE SUS CARTAS
DEL TAROT

Proteja energética y físicamente
su baraja. Guárdela cubierta en
un lugar seguro cuando no la use.

Deje la baraja sobre
una placa de selenita
para purificarla.

Aproveche la luz del Sol y
de la Luna para dar a sus
cartas un baño purificador.

CONFÍE EN
SU INTUICIÓN

LA SACERDOTISA

TAROT
vs. oráculo

Aunque este libro trata sobre empezar su viaje por el tarot, otra forma popular de cartomancia (adivinación mediante naipes) es la baraja oracular. Si está conectado a las redes sociales, seguro que habrá visto un montón de fotografías de cartas oraculares bellamente ilustradas, pero ¿cuál es la diferencia entre estas cartas y las de una baraja de tarot? ¿O acaso son lo mismo?

En realidad, son diferentes en una serie de cosas. La primera es el número de cartas de cada baraja. La del tarot estándar tiene 78 cartas que siguen la estructura tradicional: 22 arcanos mayores y 56 arcanos menores. Los arcanos mayores contienen cartas como la Muerte, la Sacerdotisa y el Loco; los arcanos menores van del as hasta el rey en cuatro palos diferentes: copas, espadas, oros y bastos. Las cartas oraculares son mucho menos estructuradas; por lo general, no se dividen en palos y son mucho más libres en su diseño y significado. Una baraja oracular no tiene un número fijo de cartas; pueden ir de 15 a 100 cartas.

La mayor parte de las barajas de tarot se basan en la de Rider-Waite-Smith, así que una carta de cualquer baraja siempre tendrá el mismo significado. Por ejemplo, la carta de la Estrella siempre representará la fe y la esperanza, independientemente de la baraja que sea. La única diferencia entre las barajas de tarot es la forma en que el ilustrador ha decidido diseñar y representar cada una de las 78 cartas. En cambio, las cartas oraculares se pueden basar en cualquier tema (diosas, astrología, plantas, naturaleza, animales, por nombrar solo algunos), y, como tal, tienen sus propios significados basados en la temática de la baraja. No tienen reglas establecidas que deban cumplir, como es el caso del tarot, así que son libres de seguir las propias.

En una lectura oracular, el mensaje de las cartas suele ser más fácil de comprender porque está escrito en algún lugar de la carta, y este puede servir como mantra o afirmación. La lectura de tarot implica mensajes más crípticos y difíciles de interpretar. Aunque estos dos sistemas son diferentes en muchos sentidos, esto no significa que uno sea mejor que otro. Ambos son formas valiosas y reveladoras de cartomancia.

PARA EMPEZAR

UNA CARTA AL DÍA

A muchas personas les resulta más fácil y menos intimidatorio iniciar su recorrido por el tarot con la práctica más sencilla: reservar un rato cada día para sacar una carta de la baraja. Muchos prefieren hacerlo por la mañana, aunque solo sean diez minutos, para crear un pequeño ritual diario del tarot. No tiene que dedicar horas y horas al día para conocer sus cartas, porque seguramente no podría mantener un ritmo tan intenso. Sacar una carta al día y dedicarse solo a ella es un objetivo más realista y manejable.

Así es como empecé yo mi viaje por el tarot, y me resultó muy útil para ir aprendiendo el significado de las cartas. Extraer una carta de la baraja por la mañana significa que puede pedir consejo para el día que empieza, o para que le ayude a resolver cualquier problema que tenga. Si no desea hacerlo por la mañana, reserve un espacio cuando sea más conveniente, no importa cuándo. Si decide hacerlo al anochecer, podría pedir a las cartas que le ayuden a reflexionar sobre el día transcurrido o simplemente pensar en la carta que ha sacado, y de qué modo es relevante para usted.

Cuando realice esta práctica, asegúrese de estar en un lugar tranquilo, donde no pueda ser molestado. A algunas personas les gusta encender velas o incienso, pero solo se trata de una opción personal. Mientras baraja, piense en la pregunta que desea formular. No existe una forma correcta o incorrecta de barajar, así que hágalo del modo que prefiera.

Algunas personas poseen una habilidad innata para el tarot y a otras les cuesta más aprender, pero no crea que está más allá de sus posibilidades. Cuanta más energía invierta en establecer una relación personal con las cartas, más recibirá a cambio. Todo el mundo es capaz de leer las cartas del tarot mediante una combinación de conocimientos e intuición. Toda capacidad se puede desarrollar con esfuerzo, dedicación y usando las técnicas y métodos correctos.

PARA EMPEZAR

Una buena forma de empezar es reservar un rato cada día, aunque solo sean diez minutos, para sacar una carta de la baraja.

Esto le ayudará a entender mejor la energía de las cartas y sus significados de una forma manejable.

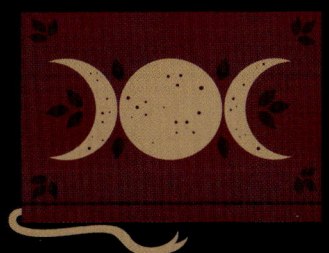

A muchas personas les gusta trabajar con la carta por la mañana, pero usted elija la hora que prefiera.

Llevar un diario sobre tarot es ideal para la autoexploración y la reflexión. Le ayudará a profundizar en su conocimiento de las cartas.

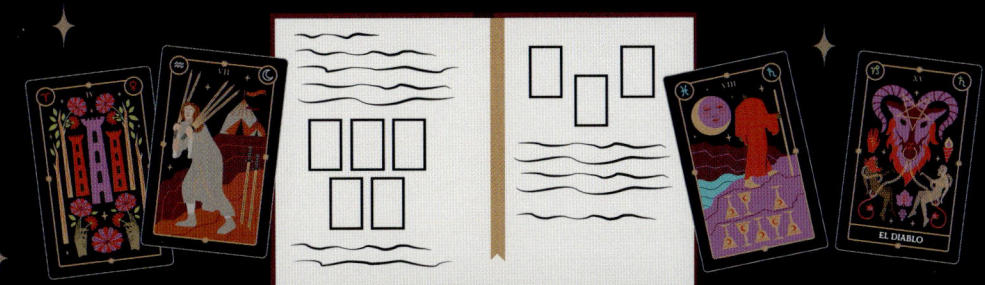

Anote todo lo relativo a su recorrido por el tarot: la carta que saca diariamente, reflexiones sobre las cartas, otras tiradas que haya practicado, y qué cartas salieron.

Los ejercicios con el diario son estupendos si busca orientación (*véase* pág. 22). Las preguntas formuladas dan estructura a sus lecturas o reflexiones.

PARA EMPEZAR

DIARIO DEL TAROT

Otra forma de iniciar su viaje es llevando un diario del tarot. Puede ser un lugar donde anotar sus pensamientos y sentimientos sobre una carta que haya sacado, así como cualquier mensaje intuitivo que reciba. Puede anotar reflexiones diarias o tiradas que desee ensayar mientras va desarrollando su capacidad de lectura. Úselo como una herramienta personal para la reflexión y la meditación.

A mí no me atraía llevar un diario cuando empecé, pero seguí haciéndolo y ¡qué contenta estoy de haberlo hecho! Anoté la carta que sacaba cada día y algunas lecturas que intenté para ir comprendiendo la energía asociada con cada carta y su posible manifestación. Escribir todos los días en el diario es un hábito que resulta difícil al principio, pero con perseverancia y disciplina encontrará el proceso útil y enriquecedor.

El diario puede ser cualquier cosa: un cuaderno, una carpeta de anillas, una parte de su grimorio o libro de sombras, o un cuaderno especial que compre para este propósito. Del mismo modo que puede escribir cualquier cosa sobre su recorrido por el tarot, también puede darle la estructura que desee. Algunos optan por el formato viñeta, otros incluyen fotografías o dibujos de las cartas, y aún otros incluyen ejercicios. Estos ejercicios resultan útiles si al principio necesita un poco de orientación.

Esta es una selección de ejercicios que puede realizar cuando saque su carta diaria:

☾ ¿Qué es lo primero que piensa cuando ve la carta que ha sacado? ¿Cómo le hace sentir?

☾ Describa la carta con todo detalle. Si la observa con atención, le sorprenderá la cantidad de cosas que irá descubriendo. ¿Qué ve? ¿Hay algún detalle que destaque? Describa los personajes de la carta. ¿Qué hacen? ¿Cuál es su entorno?

☾ ¿Ve algún símbolo que destaque en la carta? Tras mirar la carta con más atención, ¿ha cambiado su percepción inicial?

☾ Investigue un poco; ¿qué palabras clave se asocian con la carta extraída? Si pudiera escoger una palabra para describir la energía de la carta, ¿cuál sería?

☾ Esto puede parecer un poco raro, ¡pero hágame caso! Si la carta de tarot fuera una persona y pudiera hablar, ¿qué diría? Si la carta tuviera algún consejo que darle, ¿cuál sería?

☾ Nombre tres cosas que le gustan de la carta.

☾ Nombre algo que no le guste de la carta.

☾ Nombre tres cosas de la carta que le parecen desafiantes.

☾ ¿Cómo puede ayudarle la energía general de la carta?

2

EL TAROT
PRÁCTICO

En este capítulo exploraremos las herramientas que le permitirán el aprendizaje del tarot, y más concretamente las cartas de su baraja. Se pueden usar no solo para conocer las cartas y sus energías, sino también para dar más profundidad a sus lecturas o a la práctica diaria de sacar una carta. Es justo decir que con el tarot, cuanta más energía dirija hacia su práctica, más evolucionará y recibirá en términos de comprensión y conocimiento. Encontrar el método de estudio idóneo para usted y su estilo de aprender, le ayudará a dar más fuerza a su recorrido por el tarot.

Estudiaremos cómo usar el simbolismo visual de la baraja, por ejemplo los colores, la escena de fondo, la postura de los personajes. Asimismo, la numerología, que se basa en comprender el significado general de los números del 1 al 10. Estos dos métodos le ayudarán a construir una base sólida sobre la que descansará su conocimiento del tarot.

Veremos también las formas prácticas de interpretar las cartas, para añadir una capa más de comprensión. Cuando hacemos una lectura, a veces buscamos una respuesta simple y directa a una pregunta acuciante. Tal vez ya sepa que las cartas del tarot, sobre todo las de los arcanos mayores, se pueden usar para obtener respuestas de «sí» o «no».

Por último, hablaremos de la relación entre el tarot y el tiempo, puesto que las cartas nos dan una indicación sobre el tiempo en que tardarán en manifestarse las cosas, basándose en los cuatro palos de copas, espadas, oros y bastos.

APRENDER CON LA BARAJA
de Rider-Waite-Smith

Puesto que numerosas barajas de tarot se basan en la clásica de Rider-Waite-Smith, conocer a fondo los aspectos de esta baraja le permitirá conectar con toda una serie de barajas distintas. El rico simbolismo de las cartas de Rider-Waite-Smith le ayudará a comprender los significados de las mismas. Esto a su vez enriquecerá su práctica y contribuirá a desarrollar sus habilidades de lectura. Al iniciar su viaje por el tarot, serán un buen recordatorio o palabra clave para el significado básico de la carta. A mí esto me resultó útil cuando estaba aprendiendo los significados y a comprender la energía de cada carta, por lo que muchas de las ilustraciones del libro se basan en las imágenes clásicas de la Rider-Waite-Smith (aunque existen algunas diferencias).

Cuando emplee el simbolismo como herramienta para la interpretación, tómese su tiempo para observar las imágenes de cada carta. Puede que haya un símbolo que aparezca en otras cartas que habrá sacado, pero el contexto es importante. Si ve que sigue apareciendo una rosa en las cartas, examine la situación general que describe la carta. ¿Quién la sostiene? ¿Forma parte del fondo? ¿Cómo interactúa con otros símbolos? Interpretar el lenguaje no escrito, y a veces abstracto, de los símbolos consiste en leer entre líneas y mirar más allá de lo obvio para descubrir significados más sutiles.

Al usar el simbolismo para interpretar el tarot, piense en el conocimiento que ya posee. Observe los símbolos de las cartas que ha sacado. ¿Hay algo familiar en ellas? Por ejemplo, puede que ya conozca la correspondencia de los colores, y que sepa que el azul se asocia con la espiritualidad y la verdad, que entonces podrá aplicar a la Sacerdotisa, que viste de azul. En la página siguiente encontrará más información sobre correspondencias de color. Otra técnica que le ayudará a descifrar la simbología es pensar en su propia conexión con los símbolos de las cartas. Quizás asocie el Sol con la calidez, felicidad y fuerza, así que podrá aplicarlo a las cartas que contengan un símbolo solar. ¡Le sorprenderá lo que puede entender e interpretar simplemente aplicando el conocimiento que ya posee! Tómese su tiempo. Es aconsejable crear un apartado para símbolos en su diario, que irá ampliando a medida que evolucione.

Rojo

Acción, vida, pasión,
inspiración, energía,
masculinidad.

Naranja

Superar retos, fuerza
de voluntad, armonía,
aspiraciones.

Amarillo

Energía masculina, el nivel
más elevado de conciencia,
reinos superiores, creatividad,
claridad, intelecto.

Azul

Subconsciente,
introspección, espiritualidad.

Violeta

Lujo, opulencia, energía psíquica,
misterios, espiritualidad.

Negro

Misterio, lo
desconocido.

Blanco

Inocencia, pureza, pensamiento
claro, purificación, paz.

Verde

Abundancia, naturaleza,
crecimiento, vida, salud.

Rosa

Conexión psíquica,
placer, sensualidad.

Blanco y negro

Dualidad, equilibrio, integración
de energías, energía masculina
y femenina.

Marrón

Lo práctico, lo mundano,
arraigo, estabilidad, cuidados.

Arcoíris

Abundancia, deseos cumplidos,
felicidad, realización, esperanza.

EL TAROT
y el tiempo

Cuando realizamos una lectura para nosotros mismos o para otras personas, queremos saber qué nos dicen las cartas, pero también cuándo. Estas son algunas formas de determinar el tiempo en el tarot.

LOS PALOS

Esta es quizás la forma más fácil de indicar el tiempo en el tarot. Aunque algunas versiones varían, es un sistema que yo vengo usando desde hace años:

BASTOS—días
ESPADAS—semanas
COPAS—meses
OROS—años

Para que el método sea más específico, puede usar también las cartas numeradas de los arcanos menores (del as hasta el 10) para calcular un marco temporal. Por ejemplo, si sale el siete de bastos, puede interpretarlo como una espera de siete días. Si la carta está invertida, podrían surgir obstáculos que antes tendrá que superar.

Para determinar la estación del año en que algo podría ocurrir, use los cuatro ases de la baraja. Cada uno corresponde a una estación diferente. Los ases también se pueden usar para significar 1 día, semana, mes o año, dependiendo del palo.

AS DE ESPADAS—invierno
AS DE BASTOS—primavera
AS DE COPAS—verano
AS DE OROS—otoño

LOS ARCANOS MAYORES

Los arcanos mayores se asocian con los 12 signos del zodiaco y se pueden usar en tarot para determinar el tiempo.

EL LOCO
Acuario (20 enero–18 febrero)

EL MAGO
Géminis y Virgo (21 mayo–20 junio
y 23 agosto–22 setiembre)

LA SACERDOTISA
Virgo (23 agosto–22 setiembre)

LA EMPERATRIZ
Tauro y Libra (20 abril–20 mayo
y 23 setiembre–22 octubre)

EL EMPERADOR
Aries (21 marzo–19 abril)

EL SUMO SACERDOTE
Tauro (20 abril–20 mayo)

LOS AMANTES
Géminis (21 mayo–20 junio)

EL CARRO
Cáncer (21 junio–22 julio)

LA FUERZA
Leo (23 julio–22 agosto)

EL ERMITAÑO
Virgo (23 agosto–22 setiembre)

LA RUEDA DE LA FORTUNA
Sagitario y Cáncer (22 noviembre–21 diciembre
y 21 junio–22 julio)

LA JUSTICIA
Libra (23 setiembre–22 octubre)

EL COLGADO
Piscis (19 febrero–20 marzo)

LA MUERTE
Escorpio (23 octubre–21 noviembre)

LA TEMPLANZA
Sagitario (22 noviembre–21 diciembre)

EL DIABLO
Capricornio (22 diciembre–19 enero)

LA TORRE
Aries (21 marzo–19 abril)

LA ESTRELLA
Acuario (20 enero–18 febrero)

LA LUNA
Piscis (19 febrero–20 marzo)

EL SOL
Leo (23 julio–22 agosto)

EL JUICIO
Escorpio (23 octubre–21 noviembre)

EL MUNDO
Capricornio (22 diciembre–19 enero)

LA NUMEROLOGÍA
y el tarot

La numerología es el estudio de los números y su influencia en nuestra vida. Está intrínsicamente vinculada con el tarot y puede aplicarla a su práctica para ir consolidando una base de conocimientos de tarot. Al inicio de su viaje, le ayudará a comprender el significado más profundo de la carta, añadiendo otra capa de significado a su lectura.

Para aplicar la numerología al tarot solo necesita recordar el significado general de los números 1 al 10, tal como se indican en la página siguiente. Cada número tiene su propio significado y puede usarlo para interpretar las cartas de la baraja, salvo el Loco, que corresponde al número 0.

Para las cartas de dos números, como las figuras o cartas de la corte, y algunos de los arcanos mayores, simplemente sume los dos números para obtener un número entre el 0 y el 10.

Las cartas de la corte de los arcanos menores están numeradas:

PAJE = 11
CABALLERO = 12
REINA = 13
REY = 14

Para una reina de cualquier palo, la suma sería 1 + 3 = 4, y el número 4 representa la estructura, la manifestación y la estabilidad. Para el Sol, que ocupa el número 19 de los arcanos mayores, la suma sería 1 + 9 = 10, donde 10 significa la renovación y el renacimiento. Para las cartas con el número 10 o inferior, consulte el significado en la página siguiente.

Combinar su conocimiento sobre numerología con estas características le capacitará para leer e interpretar las 56 cartas de los arcanos menores.

Cuando realiza una lectura para usted mismo o para otra persona, observe si algún número destaca o se repite, porque podría señalar las esferas de su vida que precisan atención. En términos generales, los números pares representan fuerza y estabilidad, y los impares se asocian con la inestabilidad y la transición.

SIGNIFICADO DE LOS NÚMEROS 1-10

UNO
Nuevos comienzos, individualidad, innovación, fuerza de voluntad, unidad

DOS
Dualidad, opuestos, polaridad, intuición, reflexión, asociación

TRES
Expresión, expansión, comunidad, creatividad, nacimiento, crecimiento

CUATRO
Estabilidad, seguridad, autoridad, cimientos, estructura

CINCO
Cambio, conflicto, decisiones, evolución, inestabilidad

SEIS
Responsabilidad, compromiso, armonía, hogar, servicio

SIETE
Inspiración, espiritualidad, paz, verdad, meditación, sabiduría

OCHO
Éxito, esfuerzo, energía, poder, crecimiento, acción, regeneración

NUEVE
Finalización, liberación, aceptación, reflexión, realización

DIEZ
Finales, renovación, renacimiento, ciclos, karma, manifestación final

Saque una carta. Al derecho
significa «sí», invertida «no».

Determine una respuesta de sí o no
por su propia asociación positiva
o negativa con la carta.

MÉTODOS PARA INTERPRETAR
RESPUESTAS DE SÍ O NO

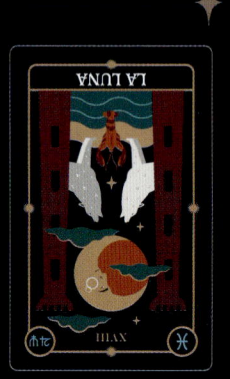

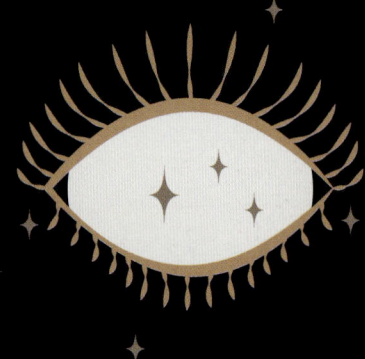

Saque una carta para una pregunta de
sí o no, y a continuación dos cartas
más para mayor información y detalle.

Estudie la carta extraída y use su
intuición y conocimiento de la carta
para saber si la respuesta es sí o no.

PREGUNTAS
de sí o no

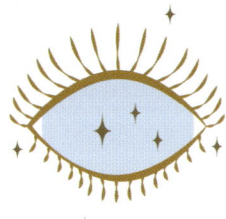

En algún punto de su recorrido por el tarot, tanto si solo usa las cartas para lecturas propias como si las emplea para los demás, podría encontrarse en una situación que requiere una respuesta de sí o no. Es una lectura sencilla, donde todo lo que necesita es barajar, mientras se concentra en la pregunta, y extraer una sola carta. Una buena manera de interpretarla es determinar la respuesta de sí o no basándose en su propia asociación positiva o negativa con la carta. En los capítulos 3 y 4 he incluido si una carta indica un «sí» o un «no»; pero hay algunas cartas que no dan una respuesta definitiva y deben interpretarse como un «tal vez».

A algunos tarotistas no les gusta la lectura de sí o no, porque el futuro no está predeterminado, sino que depende de lo que hagamos. El tarot no revela un futuro ya escrito, independiente de nuestras acciones. En lugar de ello, somos nosotros los que creamos nuestro propio futuro y cambiamos la dirección de nuestra vida si no nos gusta cómo son las cosas. Esto puede dificultar la respuesta a una pregunta de sí o no.

Aunque el método tiene sus limitaciones, eso no debería impedirle incorporarlo a su práctica si se siente cómodo con él. Simplemente sea consciente de que puede limitar la cantidad de detalle que recibe en su mensaje. El tarot revela un tesoro de información oculta relativa a muchos aspectos de la situación, pero con una simple respuesta de sí o no podría perderse muchos detalles. Evítelo sacando una segunda carta (o las que sean necesarias) para que le dé más detalle sobre la respuesta de sí o no. De esta forma, puede explorar la respuesta con mayor profundidad.

Un método más sencillo de establecer una respuesta de sí o no es barajar y sacar una carta. Si está del derecho, es un sí. Si sale invertida, es un no. Otro sistema es estudiar la carta que ha extraído de la baraja y usar su intuición y conocimiento de la carta para determinar si le está diciendo sí o no.

ELEMENTOS Y PLANETAS
regentes

En toda baraja de tarot, cada carta se asocia con toda una serie de datos astrológicos que resultan muy útiles al aprender esta técnica de adivinación. No solo la carta se asocia con un signo del zodiaco, sino también con un planeta que nos puede ayudar a comprender mejor las energías relativas a la carta. Tanto el tarot como la astrología son excelentes herramientas para la introspección, y combinando las dos añadirá otra capa de significado a sus lecturas.

Cada carta del tarot se asocia con uno de los cuatro elementos, que se describen más adelante en el libro. En el caso de los arcanos menores, cada uno de los cuatro palos (bastos, espadas, oros y copas) se asocia con un elemento, que le da un tipo específico de energía:

Copas
AGUA. Emociones, intuición, calidad de las relaciones, amistad, espiritualidad.

Espadas
AIRE. Acción, inteligencia, ideas, lógica, comunicación, pensamiento, verdad.

Oros
TIERRA. Dinero, riqueza, posesiones materiales, sentido práctico, hogar, salud, generosidad.

Bastos
FUEGO. Inspiración, entusiasmo, energía, acción, objetivos, la mente, ambición, sueños.

CORRESPONDENCIAS ASTROLÓGICAS:

Significado de los planetas

EL SOL. El yo, vitalidad, ego, conciencia, propósito, autexpresión.

LA LUNA. Instintos, emociones, intuición, inconsciente, instintos, hábitos, estados de ánimo.

MERCURIO. Intelecto, razón, comunicación, mente, inteligencia, lógica.

VENUS. Amor, atracción, belleza, arte, armonía, relaciones, valores, placer.

MARTE. Acción, agresividad, deseo, energía, sexo, pasión, impulso, valor.

JÚPITER. Expansión, optimismo, abundancia, suerte, crecimiento, logro.

SATURNO. Estructura, pesimismo, restricción, responsabilidad, autodisciplina, ley, limitaciones.

URANO. Rebelión, trastorno, excentricidad, imprevisibilidad, liberación.

NEPTUNO. Lo ilusorio, engaños, imaginación, sueños, escapismo, espiritualidad.

PLUTÓN. Transformación, poder, obsesión, muerte, renacimiento.

Significado de los signos zodiacales

ARIES. Energía agresiva, impulsivo, independiente, inspiración, competitivo, entusiasta.

TAURO. Estabilidad, belleza, placer, sensualidad, los pies en la tierra, práctico, formal, fiable.

GÉMINIS. Comunicación, razón, dinámico, sociable, ideas, le gusta la gente.

CÁNCER. Intuitivo, compasivo, emotivo, sentimental, sensible, hogareño.

LEO. Confianza en sí mismo, extravertido, asertivo, ardiente, carisma, le gusta la atención.

VIRGO. Práctico, analítico, amable, leal, encantador, creativo, atrevido.

LIBRA. Equilibrio, imparcial, justicia, defensor, indeciso, atrevido.

ESCORPIO. Apasionado, autosuficiente, testarudo, valiente, poderoso, dominante, ingenioso.

SAGITARIO. Mente abierta, flexible, generoso, extravertido, optimista, entusiasta, inteligente.

CAPRICORNIO. Inteligente, estable, responsable, reservado, los pies en la tierra, disciplinado, trabajador.

ACUARIO. Excéntrico, innovador, intransigente, imaginativo, independiente, poco convencional.

PISCIS. Compasivo, intuitivo, capacidades psíquicas, adaptable, emotivo, creativo.

CARTAS
invertidas

Las cartas del tarot tienen un significado diferente si salen al derecho o invertidas (cabeza abajo). Es fácil pensar que las cartas al derecho transmiten un mensaje más positivo, y las invertidas, más negativo, pero la realidad es algo más compleja. Aunque algunas cartas invertidas sí tienen un significado más negativo que cuando están al derecho, esta no es la pauta para interpretar todas las cartas invertidas que salgan en una lectura. La vida tiene matices y la inversión ayuda a identificar mejor las partes dudosas de una situación, permitiéndole ampliar su comprensión de lo que significa la carta en su lectura.

Las cartas invertidas le ayudan a llevar la atención a cualquier tema subyacente de la situación. Resultan muy útiles para identificar demoras y bloqueos energéticos, así como lo que se debe hacer para que las cosas avancen y para superar los obstáculos que se encuentran por el camino. Utilizar las cartas invertidas en una lectura es algo opcional, y no todos los tarotistas las usan, así que la decisión está en sus manos.

3

LOS ARCANOS MAYORES

Toda baraja del tarot se compone de dos partes: los arcanos mayores y los arcanos menores. Los arcanos mayores consisten en las primeras 22 cartas, que incluyen por ejemplo la Muerte, la Luna y el Ermitaño. La primera carta es la del Loco y se le ha adjudicado el número cero, por lo que la última, el Mundo, tiene el número 21. Juntas representan los temas importantes de su trayectoria vital. Su significado arquetípico representa los aspectos a largo plazo de su vida y le puede dar una visión de conjunto.

Las cartas de los arcanos mayores (a veces conocidas como cartas de triunfos), representan todo tipo de experiencias vitales, como el amor, la muerte, la pérdida, la felicidad, y ofrecen valiosísimas experiencias de vida cuando se exploran sus significados. Dispuestas en orden cronológico, narran el viaje del Loco. Los viajes espirituales del Loco describen su propio viaje por la vida, las pruebas que se presentan y los desafíos que surgen en el camino.

Pruebe a hacer una tirada de tarot con solo los arcanos mayores. Es increíblemente potente e iluminará su camino hacia la conciencia de sí mismo. Puede que la lectura no sea tan detallada, pero ciertamente será directa y nada ambigua. Este tipo de lectura por lo general se reserva para cuando tiene una pregunta importante, y las lecturas más breves, como las de tres o cuatro cartas (pág. 149) son las más adecuadas.

Aunque me referiré a las figuras de las cartas con el pronombre tradicional según su género, no olvide que pueden representar a personas de cualquier género, no necesariamente el de la carta.

EL LOCO

PLANETA REGENTE: Urano   **SIGNO DEL ZODIACO:** Acuario   **ELEMENTO:** Aire

SÍ O NO: Sí   **PALABRAS CLAVE PARA LA CARTA DEL DERECHO:** Nuevos comienzos, juventud, aventuras, optimismo, oportunidades, espontaneidad, espíritu libre, potencial, libertad, inocencia, empezar de nuevo, fe ciega.   **PALABRAS CLAVE PARA LA CARTA INVERTIDA:** Correr riesgos, temeridad, descuido, insensatez, ingenuidad, puerilidad, freno, oportunidades perdidas, falta de experiencia.

El viaje del Loco

Este es el inicio del viaje del Loco. Le vemos de pie al borde de un precipicio, dando un paso con entusiasmo para comenzar sus viajes por lo desconocido. El Sol brilla y calienta la espalda del Loco.

Significado del derecho

La carta se asocia con los nuevos comienzos, las aventuras y el empezar de nuevo. Puede que esté iniciando algo nuevo en su vida, incluso entrando en una nueva fase. Siente necesidad de libertad, lo que se refleja en el espíritu libre del Loco. Es totalmente inconsciente de que está a punto de dar un paso hacia el precipicio, porque no mira adónde va. Le recuerda que tal vez su mente no esté centrada en las tareas que tiene por delante. La carta trata también sobre descubrimientos, razón por la cual se la asocia con el planeta Urano.

La figura de la carta es un hombre joven, por lo que también se la asocia con la juventud, la energía y el potencial ilimitado. Habla de una mente curiosa y de un carácter espontáneo y, con el sol brillando a lo alto, indica un gran optimismo por el viaje, lo que la hace una carta positiva. El perro sentado al lado de la figura representa protección y lealtad. La figura da también una sensación de pureza e inocencia. Es demasiado inocente para los desafíos y obstáculos que le esperan en el camino, representados por la montaña que se alza en la distancia.

Significado de la carta invertida

El Loco está a punto de iniciar su viaje y sobre su hombro descansa un hatillo, pero es pequeño y esto indica que no está preparado para el viaje. Es una conducta temeraria, porque no prepararse antes de partir equivale a fracaso. Indica que el Loco se asocia también con la imprudencia y con correr riesgos innecesarios, lo que puede conducir a oportunidades perdidas. También podría perder estas oportunidades porque se está frenando: teme a lo desconocido y esto le paraliza, evitando que siga adelante.

EL LOCO

EL MAGO

PLANETA REGENTE: Mercurio   **SIGNOS DEL ZODIACO:** Géminis y Virgo
ELEMENTO: Aire   **SÍ O NO:** Sí   **PALABRAS CLAVE PARA LA CARTA DEL**
DERECHO: Manifestación, ingeniosidad, poder, maestría, acción inspirada, visión, comprensión, posibilidades, estudiante y maestro, guía divina.   **PALABRAS CLAVE PARA LA CARTA**
INVERTIDA: Manipulación, mala planificación, talentos y capacidades no utilizados, falta de claridad mental, arrogancia, codicia, ego, falsas ilusiones.

El viaje del Loco

En su viaje, la primera persona con la que se topa el Loco es el Mago. Este es un poderoso maestro y una figura masculina con gran confianza en sí mismo, ya que domina los cuatro elementos. Pone al Loco en un trance para que él también adquiera maestría sobre los elementos. El Mago quiere mostrarle al Loco cuál es su verdadero potencial y las posibilidades que ello implica.

Significado del derecho

El Mago está de pie frente a las herramientas físicas de que dispone: la copa (agua), la espada (aire), el pentáculo (tierra) y la vara (fuego). Tiene todo lo que precisa para manifestar sus sueños y hacerlos realidad. Le recuerda que debe aprovechar su potencial ilimitado, porque dispone de todo lo que necesita para manifestar en su vida lo que desea: solo tiene que ser ingenioso a la hora de utilizar sus recursos. Esto lo representa el símbolo del infinito sobre la cabeza del Mago.

El Mago es la confianza y nos recuerda que debemos confiar en nuestras capacidades. Viste una casulla ligera, que representa la mente clara y la comprensión, y, encima, una túnica roja que simboliza el conocimiento. El Mago sostiene una vara de punta blanca apuntando hacia arriba, y con el otro brazo señala hacia la tierra, para canalizar así los reinos espiritual y material. Puede combinar las herramientas de ambos reinos para manifestar sus deseos. Como trasfondo, las azucenas blancas indican que la carta trata sobre la pureza, la paz, la verdad y la abundancia.

Significado de la carta invertida

En posición inversa, el Mago sugiere dificultades en manifestar sus intenciones. Podría deberse a que no ha planificado nada, o lo ha hecho mal. Para aprovechar la energía del Mago y manifestar las cosas que desea, debe tener un plan definido sobre cómo conseguirlo. La falta de claridad mental dificultará también que se concentre en sus energías, lo que significa que no podrá usar sus capacidades y habilidades al máximo, o bien que está ocultando a propósito sus dones y capacidades. La carta invertida también puede referirse a la manipulación, el ego, la arrogancia y la codicia.

EL MAGO

LA SACERDOTISA

PLANETA REGENTE: La Luna   **SIGNO DEL ZODIACO:** Virgo   **ELEMENTO:** Tierra
SÍ O NO: No da una respuesta clara   **PALABRAS CLAVE PARA LA CARTA DEL DERECHO:** Intuición, subconsciente, espiritualidad, sabiduría, toma de conciencia, conocimiento sagrado, lo femenino divino, introspección, meditación.   **PALABRAS CLAVE PARA LA CARTA INVERTIDA:** Estar desconectado de su intuición, o no escucharla; celos, retiro, secretos, manipulación.

El viaje del Loco

El Loco se da la vuelta y descubre a la misteriosa Sacerdotisa. Le cuenta que le han entregado los cuatro elementos y que no está seguro de qué hacer con ellos. Ella permanece en silencio (es una carta de pasividad), pero le muestra el rollo de pergamino que sostiene. En parte lo cubre con las manos, indicando que su conocimiento sagrado y su sabiduría solo se revelarán a quienes estén preparados para recibirlos.

Significado del derecho

La Sacerdotisa está sentada entre dos columnas, una más oscura que la otra, y simboliza la dualidad y el equilibrio. Es una referencia bíblica a los dos pilares del templo de Salomón, en Jerusalén. Indica que debemos cultivar el equilibrio.

El simbolismo de su postura indica que la carta está vinculada a la intuición, la espiritualidad y el ser consciente; es por ello que la carta se asocia con la Luna. Es una invitación a establecer contacto con nuestra intuición y conocimiento. La Sacerdotisa se asocia también con el inconsciente, indicado por la luna creciente a sus pies. El velo, la corona y el manto azul de la Sacerdotisa simbolizan su intuición y su conoci-miento sagrado. Lo sabe todo y comparte su sabiduría para que aprenda a escuchar y a confiar en lo que le dice su propia intuición.

La pasividad de la Sacerdotisa indica la necesidad de enfocar la energía hacia su interior; representa el retiro y la meditación, y le dice que a partir de este momento vaya más despacio.

Significado de la carta invertida

Invertida, la Sacerdotisa puede significar que no está en contacto con su propia intuición. Podría ser inconsciente o consciente de ello; de cualquier modo, es una invitación a detenerse, ir hacia el interior y ser más receptivo. Su intuición está intentando guiarle. No deje que el hecho de dudar de sí mismo le frene. La Sacerdotisa invertida tiene su lado de sombra y puede representar manipulación, celos y secretos.

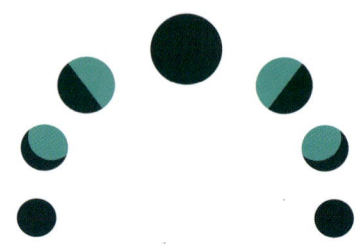

LA SACERDOTISA

LA EMPERATRIZ

LA EMPERATRIZ

PLANETA REGENTE: Venus   **SIGNOS DEL ZODIACO:** Tauro y Libra   **ELEMENTOS:** Aire y Tierra   **SÍ O NO:** Sí   **PALABRAS CLAVE PARA LA CARTA DEL DERECHO:** Abundancia, fertilidad, embarazo, femineidad, belleza, naturaleza, cuidados, paz, placer, receptividad, amor incondicional.   **PALABRAS CLAVE PARA LA CARTA INVERTIDA:** Bloqueo creativo, dependencia, falta de abundancia, embarazo inesperado, problemas de fertilidad, preocupación por lo que puedan pensar los demás.

El viaje del Loco

El Loco prosigue su viaje hasta que se encuentra con la Emperatriz. Siente su naturaleza cálida, compasiva y nutricia y esto le recuerda a su madre. La Emperatriz nutre y cuida del Loco, compartiendo con él los secretos de la creación antes de dejarle seguir su camino.

Significado del derecho

La Emperatriz representa la abundancia, la fertilidad y el embarazo, representados por las hojas de mirto y las colinas verdes que rodean su trono. No solo representan el embarazo físico, sino también el crecimiento personal, el surgimiento de nuevas ideas y cualquier otra forma de creatividad. La Emperatriz sostiene un cetro con una esfera en un extremo, que representa la fertilidad femenina y la masculina. Lleva una corona con 12 estrellas (representan los 12 signos del zodiaco y los meses del año) para indicar su conexión con el reino espiritual y los ciclos de la naturaleza.

El símbolo del corazón en el regazo de la Emperatriz es signo de su energía femenina (que ambos sexos pueden canalizar) y de su naturaleza compasiva y nutricia. Toma la forma de la Madre Tierra representada no solo por las colinas verdes que la rodean, sino también por el arroyo que discurre a sus pies. Le invita a conectar con estas energías pasando un tiempo rodeado por la belleza de la naturaleza, y de esto modo elevar su conciencia. La Emperatriz le recuerda también los placeres de la vida.

Significado de la carta invertida

Invertida, la Emperatriz indica bloqueos creativos y obstáculos que podrían cruzarse en su camino e impedirle avanzar. Podría estar trabajando en una nueva idea o proyecto que le cuesta llevarlo hacia adelante. La Emperatriz puede ser señal de que está malgastando energía preocupándose por lo que piensan los demás: úsela para algo más productivo. También puede significar una falta de abundancia, ya sea económica, material, física, emocional o mental, así como la presencia de temas sobre fertilidad o un embarazo no deseado.

EL EMPERADOR

EL EMPERADOR

PLANETA REGENTE: El Sol **SIGNO DEL ZODIACO:** Aries **ELEMENTO:** Fuego
SÍ O NO: Sí **PALABRAS CLAVE PARA LA CARTA DEL DERECHO:** Autoridad, estructura, estabilidad, figura paterna, el poder establecido, patriarcado, liderazgo, regulación, protección. **PALABRAS CLAVE PARA LA CARTA INVERTIDA:** Dominación, control excesivo, falta de disciplina, inflexibilidad.

El viaje del Loco

El Loco prosigue con su viaje hasta que se topa con el Emperador sentado en su ornamentado trono. Gobierna su imperio con autoridad, y cuanto más tiempo pasa el Loco con el Emperador, más le considera una figura paterna. Es el primer encuentro del Loco con la disciplina y las reglas que la acompañan, y finalmente se da cuenta de que es necesaria una estructura para que el camino que tiene por delante sea seguro y estable.

Significado del derecho

Al ser el padre de la baraja, el Emperador representa la autoridad, la estructura y el poder establecido. Su barba apunta a su sabiduría. Está sentado rígidamente en un gran trono decorado con cuatro cabezas de carnero que indican su relación con el signo zodiacal de Aries. El Emperador viste una túnica escarlata que simboliza su poder y energía, indicados también por el *ankh* (el símbolo egipcio de la vida) que sostiene en una mano. En la otra, el Emperador sujeta un orbe, que representa el mundo que gobierna e indica que la carta está vinculada al liderazgo, la responsabilidad, el valor y la valentía que se aso-

cian con ello. En la baraja de Rider-Waite-Smith viste una armadura debajo de la túnica roja, un símbolo del rol protector del Emperador.

El Emperador se asocia con la estabilidad, simbolizada por las impenetrables montañas cubiertas de nieve que se ven tras su trono. Es una base sólida y equilibrada, una invitación a arraigar sus propias energías. Muestra los beneficios de tener cierta estructura en la vida. Las montañas indican el lado más duro del carácter del Emperador, pero el río que discurre a sus pies nos dice que también posee un lado más suave y emocional.

Significado de la carta invertida

La carta invertida indica inflexibilidad. Le está invitando a ser más adaptable y a abrirse a nuevas formas de pensar y de actuar. No se encorsete con demasiadas restricciones y limitaciones, más bien libérese de lo que le está frenando. Un exceso de estructura podría significar que se está resistiendo al cambio. La carta invertida representa un exceso de autoridad, control, disciplina y poder, y podría señalar la necesidad de tener que defenderse a sí mismo, sus creencias y opiniones.

EL SUMO SACERDOTE

EL SUMO SACERDOTE

PLANETA REGENTE: Venus   **SIGNO DEL ZODIACO:** Tauro   **ELEMENTO:** Tierra
SÍ O NO: No queda claro   **PALABRAS CLAVE PARA LA CARTA DEL DERECHO:**
Sabiduría espiritual, creencias religiosas, tradición, comunidad, enseñanza.   **PALABRAS CLAVE**
PARA LA CARTA INVERTIDA: Creencias personales, mala orientación, abuso de poder,
cuestionarse cómo son las cosas.

El viaje del Loco

Dispuesto a dejar atrás los cuidados de sus padres, el Loco prosigue con su viaje. Está listo para ser un adulto independiente, pero le queda mucho por aprender. Avanza en su camino y se encuentra con el Sumo sacerdote. El Loco le pregunta por temas importantes y el Sumo Sacerdote le contesta. Le enseña sobre las diferentes tradiciones, religiones organizadas y culturas y aprende lo que significa formar parte de una comunidad mayor. El Sumo sacerdote ha dado respuesta a muchas de las preguntas del Loco sobre los misterios de la vida.

Significado del derecho

El Sumo Sacerdote es un líder religioso o espiritual, normalmente ilustrado como un papa, que representa los sistemas de creencias religiosas, la tradición y la sabiduría como medios para alcanzar la plenitud espiritual. Puede ser una señal de seguir las convenciones y normas preexistentes y bien establecidas, así como de añadir más rituales a su propia vida; es por ello que la carta se asocia con Tauro, un signo de tierra.

    El Sumo Sacerdote se sitúa entre dos pilares de un templo, viste una túnica roja, azul y blanca y lleva una corona triple, ambos símbolos de los tres reinos que domina: consciente, subconsciente y supraconsciente. Sostiene una cruz papal conocida como el triple cetro, que indica su condición de papa. El juego de llaves cruzadas frente al Sumo Sacerdote representa el equilibrio entre la mente consciente y el subconsciente. Le recuerda que busque un significado más profundo en su vida. Podría pedirle también que respete las tradiciones (familiares o de otro tipo), o que inicie la suya propia. Tómese un tiempo para reflexionar sobre su herencia espiritual o religiosa.

Significado de la carta invertida

Invertido, el Sumo Sacerdote es símbolo de inconformismo. Indica que es el momento de cuestionar las creencias y las tradiciones existentes en lugar de seguir a ciegas las normas o las formas de hacer las cosas. Es hora de preguntarse en qué cree y a empezar a forjar su propio camino. Puede indicar que se está limitando en exceso a través de estructuras o creencias establecidas, y, por ello, no sale de su zona de confort. Podría sentir la necesidad de explorar los límites que se ha marcado y de ampliar sus horizontes.

LOS AMANTES

PLANETA REGENTE: Mercurio   **SIGNO DEL ZODIACO:** Géminis   **ELEMENTO:** Aire
SÍ O NO: Sí   **PALABRAS CLAVE PARA LA CARTA DEL DERECHO:** Amor, armonía,
relaciones, elección, valores en armonía, dualidad, acuerdo, compromiso, amistad, sanación.
PALABRAS CLAVE PARA LA CARTA INVERTIDA: Egocentrismo, falta de armonía,
desequilibrio, desajuste de valores, problemas de relación, desapego.

El viaje del Loco

El Loco continúa con su camino. Tiene un propósito y sabe lo que quiere conseguir en la vida. Observa una encrucijada en la distancia y está seguro del camino que debe tomar, pero, a medida que se acerca, una figura de mujer se hace cada vez más nítida. El Loco sabe que es el amor de su vida, y ambos deciden recorrer juntos el camino, aunque esto le lleva en una dirección que no había planificado.

Significado del derecho

La carta de los Amantes se asocia con el amor, la armonía y la unidad. Muestra a un hombre y a una mujer desnudos de pie bajo un ángel que se cree que es Rafael (representante de la sanación física y emocional). El hombre y la mujer se asocian con la dualidad y el equilibrio entre la energía masculina y la femenina. Es una invitación a equilibrar estas energías en su propia vida, motivo por el cual la carta se asocia con el signo zodiacal de Géminis.

El hombre, ajeno a la presencia del ángel, contempla con deseo a la mujer. Por contra, ella mira hacia el ángel en busca de guía espiritual, dejando que la energía fluya desde el deseo físico hacia las necesidades emocionales y espirituales. Es señal de mantener el equilibrio entre los deseos físicos y espirituales. La mujer está al lado del Árbol del Conocimiento, mientras que junto al hombre se encuentra el Árbol de la Vida, envuelto en llamas que representan la tentación. La carta representa la elección. Igual que el Loco tenía la opción de seguir su viaje con la mujer, usted también es libre de elegir en temas de amor y otros, para que su vida sea la que desea.

Significado de la carta invertida

La carta de los Amantes invertida indica falta de armonía, problemas de relación y rupturas. Puede indicar que se está abandonando y que es momento de pensar en cuidarse un poco. La carta indica que tiene dificultades para elegir o que no asume la responsabilidad por una decisión ya tomada. Sea responsable de todas sus acciones, buenas y malas. Esta carta invertida indica un desajuste de valores entre usted y las personas que conforman su entorno, en especial aquellas que ama.

LOS AMANTES

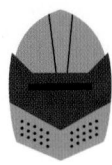

EL CARRO

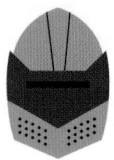

PLANETA REGENTE: La Luna **SIGNO DEL ZODIACO:** Cáncer **ELEMENTO:** Agua **SÍ O NO:** Sí **PALABRAS CLAVE PARA LA CARTA DEL DERECHO:** Control, fuerza de voluntad, acción, determinación, victoria, confianza en sí mismo, perseverancia. **PALABRAS CLAVE PARA LA CARTA INVERTIDA:** Autodisciplina, oposición, falta de rumbo.

El viaje del Loco

Ahora ya un joven adulto, el Loco se encuentra con un guerrero con armadura montado en un carro. Este se detiene para compartir su sabiduría motivadora con el Loco y le habla de la importancia de la fuerza de voluntad y de estar bien enfocado hacia sus metas. El auriga le explica que puede conseguir cualquier cosa con empuje, disciplina y ambición, y se aleja. El Loco prosigue su camino con una mayor comprensión sobre cómo triunfar en la vida.

Significado del derecho

La carta del Carro muestra a un guerrero conduciendo un carro. Su armadura está decorada con cuartos crecientes, representando todo lo que se puede alcanzar mediante el empuje y la perseverancia. El cuadrado sobre el pecho representa la fuerza de voluntad necesaria para triunfar y es un signo para profundizar más y enfocar bien sus energías para lograr sus objetivos.

El Carro está tirado por una esfinge blanca y otra negra, tirando en direcciones opuestas. Esto representa la dualidad de las fuerzas opuestas. El Loco debe aprender a ejercer el control para tener éxito en la vida. Es interesante destacar que el auriga no usa riendas para controlar

a las esfinges, solo el poder y la fuerza mental, lo que refleja la asociación de la carta con el dominio de la mente. Indica que debe enfocar de nuevo la mente para que esto le ayude a alcanzar sus objetivos y superar los obstáculos.

En el escudo del auriga se ve una peonza perfectamente equilibrada que simboliza la necesidad de equilibrio en su vida. Frente al carro discurre un río, que le indica que debe mantener el equilibrio para avanzar hacia sus metas, al tiempo que se deja llevar por la corriente de la vida.

Significado de la carta invertida

El Carro invertido simboliza falta de dirección y de propósitos en la vida. Puede ser una señal para revisar el camino que lleva, qué quiere conseguir y cómo tiene previsto conseguirlo. Podría ser que tenga que cambiar de rumbo antes de poder avanzar. Puede que haya perdido la motivación y, como resultado, está dejando que aparezcan diversos obstáculos en el camino. Se podría sentir tironeado en diferentes direcciones, incapaz de tomar el control de las energías opuestas de su vida. Para lograr el equilibrio y el éxito necesita afinar el enfoque relativo a sus objetivos.

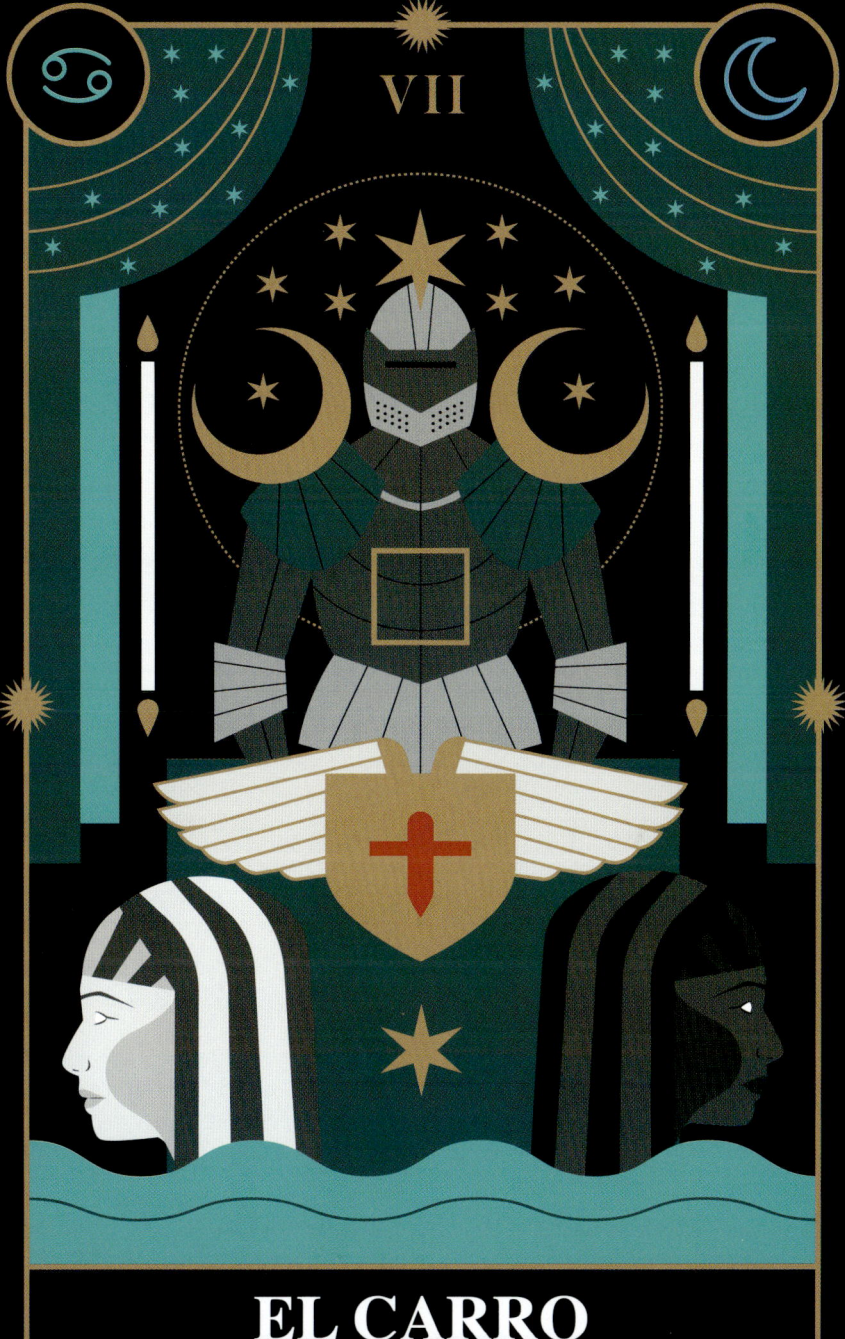

VII

EL CARRO

LA FUERZA

PLANETA REGENTE: El Sol   **SIGNO DEL ZODIACO:** Leo   **ELEMENTO:** Fuego
SÍ O NO: Sí   **PALABRAS CLAVE PARA LA CARTA DEL DERECHO:** Fuerza, valor,
persuasión, influencia, compasión, creer en sí mismo, vencer obstáculos.   **PALABRAS CLAVE
PARA LA CARTA INVERTIDA:** Inseguridad, energía baja, emociones crudas,
temas no resueltos, falta de fiabilidad.

El viaje del Loco

Aquí, el Loco ya ha adquirido fuerza tras enfrentarse a sus desafíos. Mientras avanza, se topa con una mujer sentada en el suelo, que cierra con suavidad las fauces de un león. El Loco se queda asombrado al ver cómo controla al animal, solo con su naturaleza amable y afectuosa. Reflexiona sobre la virtud de la fuerza y aprende que esta se presenta de diversas maneras: descubre que se puede necesitar más fuerza para controlar el miedo, la pasión pura o la agresividad que para actuar sobre ellos. El Loco aprende sobre el amable poder del valor, la paciencia y la amabilidad.

Significado del derecho

La carta de la Fuerza muestra a una mujer de blanco (símbolo de pureza) con el signo del infinito sobre la cabeza (que representa el potencial inagotable). Se inclina sobre un león, sosteniendo su mandíbula y su frente. El león representa nuestras pasiones, y, al domarlas, la mujer demuestra que la fuerza no tiene por qué ser sinónimo de brutalidad. La ferocidad del animal puede ser peligrosa si no se controla, igual que nuestras pasiones, pero la mujer demuestra que es capaz de influir con amabilidad sobre el león, igual que nosotros podemos controlar nuestras pasiones.

La Fuerza se asocia con el autocontrol: está usted aprendiendo a dominar sus emociones, pero no se olvide de tener paciencia. Puede influir sobre otras personas de modo más eficaz con una amable persuasión. Posee la fuerza interior de superar los obstáculos de un modo sutil, igual que la mujer controla al león.

Significado de la carta invertida

La Fuerza invertida se asocia con una falta de confianza y le sugiere que no está conectado con su poder interior. Puede que dude de sí mismo y de sus capacidades y que no se dé el crédito que se merece por sus logros. Esta carta le muestra en qué esfera está dejando que le domine la emoción, lo que sugiere que podría surgir la agresividad y la rabia. Le recuerda que es mejor tomarse un tiempo para aprender a trabajar con las emociones crudas, usándolas a su favor de una forma sutil, del mismo modo que la mujer ha domado al león.

EL ERMITAÑO

EL ERMITAÑO

PLANETA REGENTE: Mercurio   **SIGNO DEL ZODIACO:** Virgo   **ELEMENTO:** Tierra

SÍ O NO: Sí   **PALABRAS CLAVE PARA LA CARTA DEL DERECHO:** Examen de conciencia, introspección, retiro, visión, paz, conciencia de sí mismo, el buscador de conocimiento.

PALABRAS CLAVE PARA LA CARTA INVERTIDA: Aislamiento, soledad, retirada, repetir los errores, dudar de uno mismo.

El viaje del Loco

El Loco continúa con su viaje, pero se siente abrumado por sus pensamientos tras enfrentarse a tantos desafíos. En su deambular descubre una cueva y decide retirarse del mundo y buscar las respuestas que solo puede hallar en las profundidades de sí mismo. Con cada nuevo descubrimiento, el Loco alza un farolillo que ha encontrado en la cueva. Busca en su propia oscuridad el conocimiento interior, la verdad más profunda y la sabiduría espiritual. Una vez se siente listo para regresar al mundo, prosigue su viaje.

Significado del derecho

La carta del Ermitaño representa la introspección y el examen de conciencia, simbolizado por la figura de un anciano con capa gris y una capucha que le cubre la cabeza para representar su viaje interior. Ostenta una larga barba blanca que representa la sabiduría espiritual, pero está descuidada, lo que sugiere que ya no le importa su aspecto físico. En lugar de ello, toda su energía se dirige hacia el interior, por donde viaja para descubrir un mayor conocimiento y una comprensión espiritual. La carta del Ermitaño puede indicar que necesita un tiempo en soledad para ejercitar la contemplación y la autorreflexión.

El Ermitaño sostiene en su mano izquierda un báculo que representa su poder y autoridad, y que simboliza un sentido superior de conciencia. Se encuentra en la cima de una montaña para representar su conciencia elevada. En su mano derecha lleva un farolillo que contiene una estrella de seis puntas; este ilumina el camino y representa el sello de Salomón, un símbolo de sabiduría de las enseñanzas místicas medievales. Puede ser un recordatorio para buscar la sabiduría espiritual, la iluminación y la guía en su propia vida.

Significado de la carta invertida

La carta del Ermitaño invertida puede indicar que pasa demasiado tiempo solo. Tal vez se esté aislando demasiado o volviéndose un recluso. Necesita hacer un esfuerzo extra para reconectar, para no dejar que su viaje interior le absorba hasta tal punto que perjudique su relación con los demás. El hecho de pasar un largo tiempo en soledad puede tener un impacto negativo y dar paso a sentimientos malsanos de autocompasión y de inseguridad.

LA RUEDA DE LA FORTUNA

LA RUEDA DE LA FORTUNA

PLANETA REGENTE: Júpiter   **SIGNOS DEL ZODIACO:** Sagitario y Piscis
ELEMENTO: Fuego   **SÍ O NO:** Sí   **PALABRAS CLAVE PARA LA CARTA DEL**
DERECHO: La llamada del destino, buena suerte, karma, punto de inflexión, ciclos, destino, nuevos
comienzos.   **PALABRAS CLAVE PARA LA CARTA INVERTIDA:** Mala suerte, descontrol,
romper ciclos, resistencia al cambio, mal karma.

El viaje del Loco

El Loco pasa junto a una rueda hidráulica. Cerca de allí, ve a una mujer sentaday esta le ofrece algo de beber. Mientras bebe observa el movimiento de la rueda y se da cuenta de que todo tiene su propio ciclo, incluyendo los patrones del destino en su propia vida. Piensa en el ir y venir de su suerte y se siente agradecido por la bebida que le ofreció la mujer cuando estaba sediento.

Significado del derecho

Esta carta está cargada de simbolismo esotérico. Las bestias con cuatro alas representan los signos zodiacales fijos: el ángel corresponde a Acuario, el águila a Escorpio, el toro es el símbolo de Tauro y el león, de Leo. Juntos, simbolizan la estabilidad en un mundo siempre cambiante. El libro alude a la sabiduría de estas criaturas aladas.

La serpiente roja, un antiguo símbolo del renacimiento, desciende y representa la fuerza vital penetrando en el mundo físico. El chacal rojo, que representa a Anubis, el antiguo dios egipcio de los muertos, simboliza el ascenso de nuestra fuerza vital de vuelta al mundo espiritual. Muestran la asociación de la carta con el ciclo de nacimiento y muerte, nuevos comienzos y finales; puede ser una señal de que ha llegado a un punto de inflexión o que avanza hacia una nueva etapa de su vida. Aproveche las energías expansivas de Júpiter, su planeta regente, para seguir adelante.

La propia rueda simboliza la naturaleza de la vida, siempre en movimiento, siempre cambiante. El círculo central contiene los símbolos alquímicos del mercurio, el agua, la sal y el azufre, que simbolizan los cuatro elementos. La rueda exterior contiene las letras hebreas YHVH, el nombre impronunciable de Dios. Entre ellas hay las cuatro letras latinas TORA, que se cree son una versión de la palabra «Torá», cuyo significado es «ley».

Significado de la carta invertida

Invertida, esta carta puede representar mala suerte o un cambio no deseado e inesperado que le hace sentir impotente. Es una señal para que mire atrás, hacia las decisiones que le han conducido hasta el momento presente, y ver qué podría haber hecho de otra manera para mejorar su situación. Es hora de asumir de nuevo el control de su vida y su destino, pero recuerde, se aprende más de la adversidad que de la buena suerte.

LA JUSTICIA

LA JUSTICIA

PLANETA REGENTE: Saturno   **SIGNO DEL ZODIACO:** Libra   **ELEMENTO:** Aire
SÍ O NO: Sí, si es una cuestión moral   **PALABRAS CLAVE PARA LA CARTA DEL DERECHO:** Equilibrio, imparcialidad, justicia, ley, juicios, abogados, causa y efecto, verdad, corregir errores.   **PALABRAS CLAVE PARA LA CARTA INVERTIDA:** Injusticia, falta de responsabilidad, falta de honradez, retrasos en la justicia, sesgo.

El viaje del Loco

El Loco prosigue con su camino, pero se pone a repasar su vida. Empieza a comprender que todo en esta vida tiene consecuencias, buenas y malas, y se da cuenta de lo que significa asumir la responsabilidad por las propias acciones. Piensa en las veces que ha perjudicado a otros, o que se ha equivocado, y comprende la necesidad de afrontar cada situación de forma justa, equilibrada y respetuosa.

Significado del derecho

La carta de la Justicia se asocia con la verdad, la equidad, el equilibrio y la corrección de los errores. La ilustra una mujer sentada entre dos pilares, con un fondo violeta. Las columnas representan el equilibrio y la dualidad, y a menudo se conocen como Severidad y Misericordia. Su color es el gris porque es una mezcla del blanco y negro de los pilares de la carta de la Sacerdotisa, para insistir en la asociación de la carta con el equilibrio y su mantenimiento. La carta puede indicar la necesidad de llevar el equilibrio a su vida para crear una sensación de estabilidad.

La mujer sostiene una espada que apunta hacia arriba y representa el intelecto y el modo de usarlo a favor de la justicia. Es una espada de doble filo que indica que la justicia actúa en ambos sentidos: puede condenar u honrar, otro símbolo de la dualidad. La mujer sostiene la espada con la mano derecha para representar lo necesaria que es la lógica para aplicar la ley de manera justa e imparcial. Frente a ella vemos la balanza de la justicia. Indica que todas nuestras acciones tienen consecuencias, puesto que es en la balanza donde nuestras acciones se sopesan y son juzgadas. Es señal de que quizás debe tomar una decisión importante que podría impactar a largo plazo en su vida.

Significado de la carta invertida

La Justicia invertida representa la inequidad, la injusticia y las demoras en obtener justicia. Puede que no esté asumiendo la responsabilidad por sus acciones, hasta el punto en que culpa a otros; tal vez debería asumirla. La Justicia invertida puede ser también señal de que le están tratando injustamente o que le culpan de algo que no hizo.

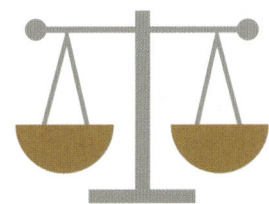

EL COLGADO

PLANETA REGENTE: Neptuno   **SIGNO DEL ZODIACO:** Piscis   **ELEMENTO:** Agua
SÍ O NO: No   **PALABRAS CLAVE PARA LA CARTA DEL DERECHO:** Fe, pausa, rendición, soltar, paciencia, sacrificio, nuevas perspectivas.   **PALABRAS CLAVE PARA LA CARTA INVERTIDA:** Retrasos, ego, impulsividad, resistencia, indecisión, postergación, oportunidades perdidas.

El viaje del Loco

En su viaje, el Loco empieza a pensar en que últimamente ha descuidado su espiritualidad. Es un día caluroso, así que decide detenerse a la sombra de un árbol para pensar. Justo ha encontrado un lugar cómodo cuando algo le cae a la cabeza. El Loco alza la vista y ve a un hombre colgando cabeza abajo del árbol, atado por una pierna. Se da cuenta de lo que le golpeó en la cabeza fue una moneda que se cayó del bolsillo del hombre. El Loco se pregunta por qué es tan descuidado con su dinero. El hombre le explica que a veces necesitamos ver la vida desde una perspectiva distinta. Inspirado por las palabras del hombre, el Loco trepa al árbol y se cuelga cabeza abajo.

Significado del derecho

El Colgado trata sobre ver el mundo desde una perspectiva diferente. En la carta vemos a un hombre suspendido cabeza abajo de un árbol en forma de «T» o Tau. La cruz Tau simboliza el punto donde el cielo y la tierra se encuentran, y apunta al significado espiritual más profundo de la carta. Esto también se subraya mediante la asociación con Neptuno, el planeta de la espiritualidad.

El pie derecho del hombre está atado al árbol, mientras que la pierna izquierda se presenta doblada por la rodilla y escondida detrás de la derecha; esto significa que tal vez usted debería dejar las cosas como están por un tiempo, antes de seguir adelante. La carta le pide que se rinda ante la realidad y que suelte aquello que le lastra, para ver las cosas desde una nueva perspectiva. El halo de luz que rodea la cabeza del Colgado simboliza la nueva visión que ha alcanzado. Tiene los brazos doblados a la espalda; esto, junto con la cuerda que le ata el pie, le está sugiriendo que tal vez se siente atrapado o estancado en una situación, o bien representa el confinamiento.

Significado de la carta invertida

La carta del Colgado invertida indica retrasos e indecisión. Puede ser señal de que se está resistiendo al cambio, posiblemente perdiéndose oportunidades, y esto puede resultar frustrante y causar estancamiento. Por otro lado, la carta puede simbolizar también la impulsividad o indicar que no piensa bien las cosas antes de actuar.

EL COLGADO

LA MUERTE

PLANETA REGENTE: Plutón   **SIGNO DEL ZODIACO:** Escorpio   **ELEMENTO:** Agua
SÍ O NO: No   **PALABRAS CLAVE PARA LA CARTA DEL DERECHO:** Finales y principios, cambio, soltar, transición, renacimiento, transformación.   **PALABRAS CLAVE PARA LA CARTA INVERTIDA:** Negarse a soltar, depuración interior, transformación personal, resistencia al cambio.

El viaje del Loco

Al pasar por un oscuro sendero del bosque, el Loco se topa con un esqueleto con armadura que cabalga sobre un caballo blanco. Enseguida sabe que es la Muerte y se pregunta si ha muerto, pero ella le explica que está allí para ayudarle a soltar lo caduco y así poder hacer espacio para un nuevo comienzo. La Muerte le dice que el proceso puede resultar doloroso, pero que merece la pena porque le ayudará a crecer y a prosperar. La Muerte desaparece y el Loco experimenta una sensación optimista sobre la transformación que está teniendo lugar en su vida.

Significado del derecho

La Muerte es la carta peor entendida de todo el tarot. Se cree que indica una muerte física (raramente lo hace), pero en realidad simboliza el final de una fase y el inicio de otra. Le recuerda que debe soltar el pasado y mirar hacia adelante. La carta muestra a un esqueleto con armadura, cabalgando en un caballo blanco y portando un estandarte con una rosa blanca de cinco pétalos, que representa a la Virgen María y es un símbolo del cielo y de la vida después de la muerte.

En la baraja original de Rider-Waite-Smith, la carta de la Muerte muestra a un hombre muerto en el suelo y a una mujer y a un niño, arrodillados a su lado, suplicando por su vida. Les acompaña un obispo, que también le ruega a la muerte que no le quite la vida. En primer plano, unas barcas flotando en un río simbolizan las embarcaciones que acompañan a los difuntos al más allá, según diferentes mitologías. Esto realza el aspecto transformador de la carta de la Muerte, así como su asociación con la transición, motivo por el cual se la asocia con Escorpio, el signo de la transformación.

Significado de la carta invertida

Cuando la carta de la Muerte sale invertida, puede indicar resistencia al cambio. Tal vez se tema a la transformación que este traerá, pero aferrarse al pasado se pierden oportunidades de crecimiento. Puede que tenga dificultades a la hora de soltar las creencias limitadoras y la energía negativa que ya no le son útiles. Es hora de soltar y depurar estas cosas de su vida para construir un camino despejado por el que avanzar.

LA MUERTE

LA TEMPLANZA

PLANETA REGENTE: Júpiter   **SIGNO DEL ZODIACO:** Sagitario   **ELEMENTO:** Fuego   **SÍ O NO:** Sí   **PALABRAS CLAVE PARA LA CARTA DEL DERECHO:** Paciencia, equilibrio, moderación, mezcla, sanación, propósito, recuperación, autocontrol.   **PALABRAS CLAVE PARA LA CARTA INVERTIDA:** Desequilibrio, exceso, adicciones, irritabilidad, desasosiego, necesidad de reajuste.

El viaje del Loco

Tras su roce con la Muerte, el Loco se dirige hacia un nuevo capítulo de su vida. Avanza solo por el camino y se encuentra a un ángel que sostiene dos cálices con los que mezcla los cuatro elementos vertiéndolos de una a otra copa. El Loco le pregunta al ángel cómo hace para mezclar los elementos opuestos. Este le contesta que todo se puede equilibrar en la vida, en la medida justa, con paciencia, sabiduría y esfuerzo.

Significado del derecho

La carta de la Templanza representa el equilibrio, y esto se refleja claramente en su simbolismo. En la baraja de Rider-Waite-Smith, el ángel tiene un pie en un estanque poco profundo para simbolizar el equilibrio entre el cuerpo y las emociones, y la necesidad de permanecer arraigados en el momento presente. Es un estímulo para encontrar su propio sentido del equilibrio y un recordatorio para mantenerse con los pies en la tierra.

Si observa bien al ángel, verá que es una manifestación tanto de la energía masculina como de la femenina, lo cual representa el equilibrio. En la parte frontal de su túnica se ve un símbolo formado por un triángulo dentro de un cuadrado; esto indica que nosotros, como humanos (el triángulo), estamos sometidos a las leyes naturales de la Tierra (el cuadrado). Cada mano del ángel sostiene un cáliz y el agua va pasando de uno a otro para representar el fluir de la vida. Nos recuerda que debemos recuperar y estabilizar el flujo de nuestra energía y restablecer el equilibrio. Es también el símbolo de la alquimia, de cómo partes separadas se pueden combinar para componer algo nuevo y asombroso.

Significado de la carta invertida

La Templanza inversa indica que puede estar pasando por un periodo de desequilibrio que podría volverle irritable o inquieto. Es momento de restablecer el equilibrio y hacer un reajuste, en especial si la pérdida de este estado se debe a algún exceso, ya sea de alcohol o de comportamientos extremos. Tiene que romper y liberarse de cualquier ciclo negativo que ya esté presente para que la vida fluya de nuevo en la dirección correcta.

EL DIABLO

PLANETA REGENTE: Saturno **SIGNO DEL ZODIACO:** Capricornio
ELEMENTO: Tierra **SÍ O NO:** No **PALABRAS CLAVE PARA LA CARTA DEL DERECHO:** Adicción, apegos, sexualidad, restricción, materialismo, negación, la sombra de la personalidad, miedo. **PALABRAS CLAVE PARA LA CARTA INVERTIDA:** Desapego, disciplina, trabajo duro, liberación de restricciones, recuperación.

El viaje del Loco

El camino del Loco le lleva hasta una montaña, donde se encuentra cara a cara con el Diablo. Medio hombre, medio cabra, está junto a dos personas encadenadas y se deja llevar por todo tipo de deseos: comida, vino y sexo. El Loco se horroriza. Exclama que no caerá en la tentación y así evitará las cadenas. El Diablo apunta hacia las cadenas, mostrándole que están sueltas y que las personas podrían escapar, pero que han decidido no hacerlo. El Diablo le dice que no debe sentir vergüenza por tener deseos; solo necesita aprender a controlarlos.

Significado del derecho

El Diablo aparece como Bafomet, una criatura medio hombre, medio cabra, que simboliza el equilibrio y la dualidad en varias tradiciones ocultas. Representa el equilibrio entre el bien y el mal, la luz y la oscuridad, lo masculino y lo femenino. Tiene la mano derecha alzada en un gesto de bendición y en la izquierda sostiene una antorcha ardiendo. Los cuernos representan su naturaleza animal y su testarudez.

La carta del Diablo representa ataduras, simbolizadas por las cadenas. Esto puede indicar que se siente atrapado, que hay algo que le limita, o que tiene algún problema de adicción. Pero las cadenas sueltas sugieren que existe escapatoria. Indican que posee la fuerza para superar las restricciones optando por su bienestar a largo plazo. Las dos figuras tienen cuernos y cola; representan un exceso de complacencia y su transformación en diablo, que se acelera cuanto más tiempo pasan con él. Las uvas y la hoja de parra simbolizan la sexualidad y la lujuria. El Diablo se asocia con el signo zodiacal de Capricornio porque, al ser un signo de tierra, representa el mundo físico.

Significado de la carta invertida

La carta del Diablo invertida indica que podría haberse liberado recientemente de una situación difícil. Simboliza también la necesidad de romper las ataduras que ahora le limitan. La carta le anima a superar este difícil momento o a vencer adicciones o malos hábitos. Indica que podría estar acercándose a un punto de avance, pero primero tiene que librarse de las restricciones. Puede que esto no resulte fácil y requiera disciplina para enfrentarse a los apegos malsanos, pero sin duda merece la pena hacerlo.

EL DIABLO

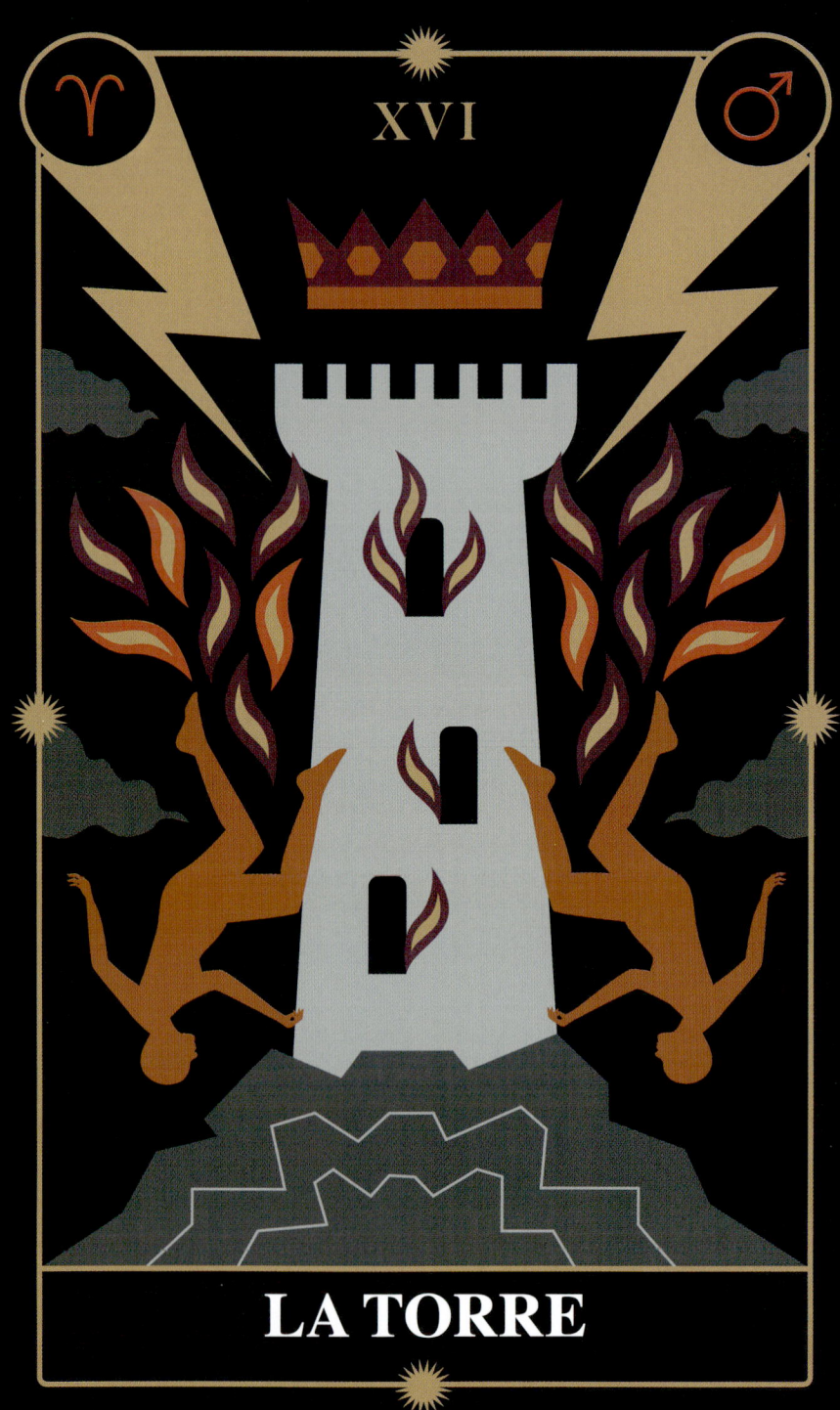

LA TORRE

LA TORRE

PLANETA REGENTE: Marte   **SIGNO DEL ZODIACO:** Aries   **ELEMENTO:** Fuego
SÍ O NO: No   **PALABRAS CLAVE PARA LA CARTA DEL DERECHO:** Destrucción,
cambio súbito, caos, mentiras, trastorno, despertar, cambio forzoso, sufrimiento.   **PALABRAS
CLAVE PARA LA CARTA INVERTIDA:** Miedo al cambio, evitar el desastre, evitar correr
riesgos, peligro diferido.

El viaje del Loco

El Loco empieza a descender de la montaña.
De camino, se encuentra con una magnífica
torre de piedra y se detiene a admirar su belleza,
cuando de repente un rayo alcanza la construc-
ción y la convierte en llamas. Los habitantes
de la torre saltan por las ventanas. El Loco está
conmocionado; nunca había visto algo tan
rápido e inesperado y apenas da crédito a lo que
ven sus ojos. Entonces reacciona y comprende
que la torre simboliza su pasado, cuando llega
un cambio súbito que provoca trastornos y caos.
Lo único que queda por hacer es reconstruir,
aprovechando los sólidos cimientos que quedan
después del accidente.

Significado del derecho

La carta de la Torre muestra una torre de piedra
en la cima de una montaña rocosa. La carta se
asocia con la destrucción, con el cambio repen-
tino y el caos, simbolizados por el rayo que alcanza
la torre y la incendia. El rayo destruye la parte
que corona la torre, lo que indica que es una
edificación regia. El propio rayo representa un
golpe contra el materialismo, le recuerda que
debe observarse para no dejarse atrapar en

exceso por las posesiones materiales. La torre
entera está en llamas y sus habitantes no tienen
más remedio que arrojarse por las ventanas.
Las llamas que crecen nos recuerdan nuestra
incapacidad de dominar la naturaleza.

La torre se levanta sobre un terreno rocoso;
unos cimientos poco estables sobre los que
construir. Un solo rayo fue suficiente para
destruirla. Esto puede representar que está
levantando sus objetivos y ambiciones sobre
unos cimientos débiles, y le recuerda que debe
asegurarse de que sus planes están bien trazados
y arraigados en terreno sólido. Con toda esta
destrucción, no sorprende que la carta esté
regida por Marte, el planeta de la guerra.

Significado de la carta invertida

La Torre invertida indica que teme al cambio y se
resiste al mismo. Está retrasando la transformación necesaria para el crecimiento personal y
espiritual, y cuanto más difiera lo inevitable,
más incómodo se sentirá y más sufrirá.
Déjese llevar por el
cambio, que le transfor-
mará en una persona
nueva y mejor.

XVII

LA ESTRELLA

LA ESTRELLA

PLANETA REGENTE: Urano   **SIGNO DEL ZODIACO:** Acuario   **ELEMENTO:** Aire
SÍ O NO: Sí   **PALABRAS CLAVE PARA LA CARTA DEL DERECHO:** Esperanza, fe, posibilidades, guía espiritual, amor, felicidad, destino.   **PALABRAS CLAVE PARA LA CARTA INVERTIDA:** Esperanza perdida, desespero, desconexión, baja confianza en sí mismo, negatividad.

El viaje del Loco

El Loco está sentado observando la torre. Aún le cuesta creer en la devastación y en lo rápido que sucedió todo. Está anonadado por lo sombría que puede ser la vida. De pronto, ve a una mujer cerca de un arroyo. Está llenando un estanque con dos vasijas. El Loco se dirige hacia ella y le pregunta qué está haciendo. La mujer le explica que está llenando el estanque para que los viajeros que pasen por allí puedan beber y refrescarse. El Loco acepta agradecido el agua y empieza a sentir una profunda sensación de paz mientras contempla las estrellas en el firmamento nocturno. Vuelve a sentirse esperanzado y optimista ante la vida.

Significado del derecho

La carta de la Estrella muestra a una mujer sosteniendo dos vasijas. Con la mano derecha (representando el subconsciente) vierte el agua de una vasija en el estanque. Esto simboliza esperanza, renovación y optimismo. Es una señal de que si los últimos tiempos han sido difíciles para usted, se acercan otros mejores.

La gran estrella de seis puntas representa el lucero del alba, que vincula la carta al planeta Venus, el punto más brillante del firmamento al amanecer. Simboliza también la espiritualidad, indicando que ahora se siente mejor y en armonía con el universo. Las siete estrellas pequeñas representan los siete chakras y también las Pléyades: las siete huérfanas que se convirtieron en palomas y luego en estrellas después de ser ignoradas por su tribu tras la muerte de sus padres. Asimismo, personifican la capacidad de afrontar la pena y el dolor, así como la esperanza renovada.

Significado de la carta invertida:

La carta de la Estrella invertida es símbolo de esperanza perdida, desespero y falta de confianza en sí mismo. Aunque la carta indica que está desesperado, la situación no es tan mala, es solo su modo de verla. Puede indicar que se siente abrumado por las actividades cotidianas, pero puede darle la vuelta a la situación con un cambio de actitud. Le recuerda que las antiguas conductas, creencias y pensamientos, no le ayudarán a crecer. También indica que es hora de cuestionar sus creencias básicas para ver si todavía sintonizan con la persona que es actualmente.

XVIII

LA LUNA

LA LUNA

PLANETAS REGENTES: Júpiter y Neptuno   **SIGNO DEL ZODIACO:** Piscis
ELEMENTO: Agua   **SÍ O NO:** No   **PALABRAS CLAVE PARA LA CARTA DEL DERECHO:** Lo ilusorio, engaños, secretos, sueños, ensueños, emoción, confusión, influencia, fantasía.   **PALABRAS CLAVE PARA LA CARTA INVERTIDA:** Temor, ansiedad, presión, confusión interna, engaño, sombras.

El viaje del Loco

Orientándose por las estrellas, el Loco prosigue su viaje. La Luna se alza en el cielo e ilumina su camino cuando pasa entre dos árboles y de pronto se encuentra en un territorio extraño. Cae en un estado de ensueño, ve a animales desconocidos corretear y unas flores insólitas que brillan en la oscuridad, pero nada es lo que parece. El Loco se siente ansioso porque la Luna controla la mente subconsciente; también se nota vulnerable ante las ilusiones que seducen y confunden. Debe decidir si permanece en este extraño mundo o si vuelve a la realidad.

Significado del derecho

La Luna se asocia con lo ilusorio, las fantasías y la confusión, lo que significa que las cosas no son lo que parecen. Tal vez le dice que no posee toda la información necesaria para elegir o tomar una decisión. Puede que exista confusión, falsas ilusiones y secretos, pero con la influencia de Piscis, el signo zodiacal que rige la carta, confiar en su intuición le ayudará a desvelar la verdad.

La carta de la Luna muestra a una luna llena brillando en el firmamento nocturno entre dos torres. Estas simbolizan la ganancia y las posesiones materiales que pueden influir sobre su viaje espiritual si no las controla. La presencia de la Luna influye en la naturaleza y en los animales de la carta. El agua representa nuestro subconsciente y las emociones, y la langosta que sale del agua es símbolo de nuestra creciente conciencia psíquica. El perro y el lobo que aúllan a la Luna representan el equilibrio de los opuestos, entre el aspecto salvaje y el domesticado de nuestra mente. El hecho de que le aúllen a algo que no pueden alcanzar podría ser señal que usted también está yendo en pos de algo inalcanzable, y eso le estaría causando ansiedad.

Significado de la carta invertida

La carta de la Luna invertida suele ser símbolo de que necesita soltar y eliminar cualquier energía negativa que lleve encima, porque le ayudará a aliviar la ansiedad. La carta a menudo indica que se podría estar engañando, consciente o inconscientemente, en algún ámbito de su vida, y eso podría tener un impacto negativo sobre su salud mental y su bienestar. La Luna le recuerda que ocultar o ignorar las emociones difíciles, los sentimientos o las situaciones no solucionará el problema; lo único que logrará es prolongar su dolor y su incomodidad.

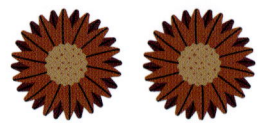 # EL SOL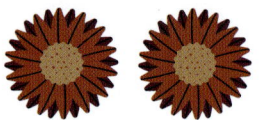

PLANETA REGENTE: El Sol   **SIGNO DEL ZODIACO:** Leo   **ELEMENTO:** Fuego
SÍ O NO: Sí   **PALABRAS CLAVE PARA LA CARTA DEL DERECHO:** Actitud positiva, calidez, plenitud, éxito, claridad, vitalidad, luminosidad.   **PALABRAS CLAVE PARA LA CARTA INVERTIDA:** Tristeza, altibajos emocionales, sentirse exhausto, decaimiento, depresión.

El viaje del Loco

Cuando el Loco se despierta, se encuentra en un hermoso jardín. El Sol tiene un brillo especial, como nunca había visto antes, hasta el punto que le deslumbra. Mientras sus ojos se ajustan a la luz ve a un niño que juega por allí cerca. El pequeño le saluda con la mano y le pregunta si quiere jugar con él, así que el Loco se le acerca. Después de jugar un rato con el chico, se siente rebosante de alegría, como un niño inocente, más feliz y más despreocupado que lo que se ha sentido en mucho tiempo. Se da cuenta de que el niño ha iluminado su alma y renovado su espíritu, llenándole de curiosidad y felicidad.

Significado del derecho

La carta del Sol representa el optimismo y la abundancia, y personifica la actitud positiva y el éxito, indicado por el brillo solar que irradia calidez y vitalidad. Es la fuente de toda vida en la Tierra, y esta energía le ayudará a sustentarle y le dará fuerza para los tiempos difíciles. Gracias al signo regente de Leo, el Sol representa también la creatividad. La carta aparece cuando necesita confirmación de que están llegando tiempos mejores. Recuerde que la noche es más oscura justo antes de que amanezca, pero el Sol siempre acaba saliendo.

En la carta de Rider-Waite-Smith, un niño pequeño cabalga sobre un caballo blanco, simbolizando la inocencia y la pureza. El niño va desnudo para representar la libertad y el hecho de que no tiene nada que ocultar, ni tampoco nada por lo que sentir vergüenza o turbación. El pequeño sostiene un estandarte rojizo, el color mágicamente asociado con el Sol, que representa la vitalidad, la felicidad y la pasión. Los cuatro girasoles de la carta son representaciones terrenales del Sol, pero también se asocian con la lealtad y la longevidad.

Significado de la carta invertida

La carta del Sol invertida puede indicar que está exhausto y que necesita tomarse un descanso. También es indicio de que se concentra demasiado en los aspectos negativos de la vida y que le cuesta ver la parte positiva, por lo que la felicidad parece ser más difícil de conseguir. El Sol invertido puede indicar depresión, tristeza y pesimismo, o que está buscando la felicidad y la plenitud en lugares equivocados, como las posesiones materiales o las relaciones desacertadas.

XIX

EL SOL

EL JUICIO

PLANETA REGENTE: Plutón   **SIGNO DEL ZODIACO:** Escorpio   **ELEMENTO:** Fuego
SÍ O NO: Neutral   **PALABRAS CLAVE PARA LA CARTA DEL DERECHO:** Perdón,
renovación, renacimiento, elecciones, el pasado, arrepentimiento, redención.   **PALABRAS
CLAVE PARA LA CARTA INVERTIDA:** Dudar de uno mismo, el crítico interior, miedo,
ansiedad, sin conciencia de uno mismo, lo desconocido.

El viaje del Loco

El Loco se siente rejuvenecido. Está sentado sobre la hierba, al sol, y se siente lo suficientemente fuerte como para revisar su pasado, asumir la responsabilidad por sus acciones y perdonarse sus errores. Siente que su viaje se acerca a su fin y que necesita orientación. Cuando el Loco alza la vista, ve a un ángel que le dice que es hora de hacer las paces con el pasado y dejarlo ir, para sacarse de encima los sentimientos de culpa, la vergüenza o la ira. Es hora de dejar el pasado atrás y avanzar hacia el tramo final de su viaje.

Significado del derecho

En la baraja de Rider-Waite-Smith, la carta del Juicio muestra al arcángel Gabriel, el mensajero de Dios, que aparece entre una nube en el cielo, tocando una trompeta. En esta baraja se ve también a un hombre, una mujer y un niño en primer plano, así como otras personas al fondo saliendo de sus tumbas. Esto representa la resurrección del cuerpo tras la muerte, así como la libertad, y gracias a Plutón, su planeta regente, simboliza también la renovación. La palabra «juicio» tiene connotaciones negativas, pero no se trata necesariamente de una carta adversa; también indica nuevos y positivos comienzos tras su renacimiento.

El Juicio puede ser señal de que necesita dejar atrás su pasado. Es hora de perdonarse sus errores para poder avanzar. La carta puede anticipar una decisión que cambiará su vida y le dice que debe emplear las lecciones del pasado para elegir correctamente ahora. El Juicio puede indicar que juzga a los demás con excesiva severidad o que es usted el juzgado injustamente. Al fondo, las montañas simbolizan que el juicio es inevitable.

Significado de la carta invertida

La carta del Juicio invertida es señal de que escucha demasiado a su crítico interior, lo cual le provoca ansiedad y le hace dudar de sí mismo. De esta manera, no podrá avanzar en la vida. Está siendo demasiado severo consigo mismo y eso se podría deber al miedo. El Juicio invertido simboliza que no ha aprendido las lecciones del pasado y sigue cometiendo los mismos errores. Es hora de dejar de dudar de sí mismo y de aprender a confiar en la dirección hacia la que el universo le está encaminando.

EL JUICIO

EL MUNDO

PLANETA REGENTE: Saturno   **SIGNO DEL ZODIACO:** Libra   **ELEMENTO:** Tierra
SÍ O NO: Sí   **PALABRAS CLAVE PARA LA CARTA DEL DERECHO:** Finalización, viaje, éxito, logros, final de ciclo, plenitud.   **PALABRAS CLAVE PARA LA CARTA INVERTIDA:** Demoras, falta de reconocimiento, algo le retiene, atajos, falta de armonía.

El viaje del Loco

Tras enterrar su pasado, el Loco sabe que su viaje concluye aquí. Se encuentra al borde del precipicio donde inició su trayectoria. El Mundo le muestra que todo sucede en ciclos, y que acaba de completar uno. Se siente conectado con el mundo y completo, satisfecho y realizado. Mira hacia atrás, ve todo lo que ha conseguido y sonríe para sus adentros, orgulloso de su éxito. El Loco ya no es un loco.

Significado del derecho

El Mundo se asocia con el éxito, la plenitud y el triunfo. Todo ha empezado a cobrar sentido y su esfuerzo se ve recompensado. La carta muestra a una mujer envuelta en una tela violeta que representa el valor que ha necesitado para llegar hasta el punto donde se encuentra ahora. Dos varas blancas simbolizan la sabiduría espiritual, y eso puede sugerir una sensación de plenitud espiritual y emocional. La guirnalda de laurel que rodea a la mujer simboliza un ciclo continuo. Es señal de que está llegando al final de algo y que es momento de seguir adelante con confianza y consciente de todo lo logrado hasta ahora.

Las cuatro figuras de las esquinas de la carta representan los cuatro signos fijos del zodiaco.

El león representa el valor y la valentía (Leo), el toro, la fuerza física (Tauro), el ángel, la protección y la guía (Acuario) y el águila, el poder y la visión (Escorpio). Las figuras simbolizan también los cuatro palos del tarot, las cuatro estaciones, los cuatro puntos cardinales y los cuatro cuadrantes del mundo, indicando que todo el universo es uno.

Significado de la carta invertida

La carta del Mundo invertida puede indicar dificultades para alcanzar los objetivos que se ha marcado. La carta simboliza falta de éxito y la decepción que esto implica. Puede que se sienta estancado, en lugar de estar avanzando. La carta le recuerda que nada puede sustituir al trabajo duro, y que tomar un atajo a la larga no le ayudará a alcanzar la meta. El Mundo invertido puede simbolizar también que no le están dando el reconocimiento que merece por todo su esfuerzo y por todo lo que ha conseguido.

XXI

EL MUNDO

4

LOS ARCANOS MENORES

Las 56 cartas de los arcanos menores componen la segunda parte de la baraja del tarot. Representan nuestra vida cotidiana y las pruebas y las dificultades a las que nos enfrentamos por el camino. Divididos en cuatro palos (copas, bastos, oros y espadas), cada uno de ellos contiene 14 cartas numeradas del 1 (as) al 10, y cuatro cartas de la corte o figuras: paje, caballero, reina y rey. Juntas, las cartas de la corte simbolizan distintos rasgos de personalidad, y en una lectura suelen representar a personas de nuestra vida o la energía que necesitamos en esos momentos. Aunque las figuras tradicionalmente son de un género determinado, a la hora de interpretarlas pueden ser tanto femeninas como masculinas.

El palo es importante para interpretar el simbolismo de una carta. Cada palo se asocia con energías concretas, elementos y signos zodiacales, que aportan más profundidad a su lectura. El palo de copas se asocia con el elemento agua, los signos zodiacales de Cáncer, Escorpio y Piscis, y todo lo relativo a las emociones, sentimientos, intuición y creatividad. El palo de bastos corresponde al elemento fuego, a los signos zodiacales de Aries, Leo y Sagitario, y a temas de energía, pasión y motivación. El palo de oros se asocia con el elemento tierra, los signos de Tauro, Virgo y Capricornio, y con la esfera material como finanzas, trabajo y salud. El palo de espadas corresponde al elemento aire, a los signos zodiacales de Géminis, Libra y Acuario, y a temas de pensamientos, acciones, palabras y comunicación.

EL PALO DE COPAS

AS
de copas

PLANETA REGENTE: La Luna **SIGNOS DEL ZODIACO:** Cáncer, Escorpio y Piscis **ELEMENTO:** Agua **SÍ O NO:** Sí **PALABRAS CLAVE PARA LA CARTA DEL DERECHO:** Amor, nuevos comienzos, compasión, nuevas relaciones, creatividad, intuición, espiritualidad. **PALABRAS CLAVE PARA LA CARTA INVERTIDA:** Vacío, pérdida emocional, creatividad bloqueada, no sentirse querido.

Significado del derecho

La mano que se observa en el as de copas representa la mano de Dios. La nube oculta su cuerpo como símbolo de su naturaleza divina y representa la conciencia de la propia energía espiritual. La paloma es la espiritualidad y le recuerda que debe prestar atención a su lado espiritual y estar abierto al movimiento de la energía espiritual que fluye en su interior.

Como as, la carta representa nuevos comienzos, en este caso en términos de amor, compasión y empatía. Es una señal para abrirse al fluir del amor y de la compasión, representadas por el agua que se derrama de la copa. La carta se asocia con los tres signos de agua: Cáncer, Escorpio y Piscis, y el palo de copas está también vinculado con las cualidades del elemento agua. Nos recuerda que debemos conectar con nuestra intuición y escuchar los mensajes que nos revela, así como ponernos en contacto con nuestro lado creativo.

Significado de la carta invertida

Invertido, el as de copas representa bloqueos emocionales o creativos. El agua ya no fluye y eso puede indicar tristeza, vacío, o no sentirse querido. Representa asimismo las emociones reprimidas que deben ser liberadas. Es momento de reconducir su energía hacia el interior y cuidarse: nada sale de una copa vacía. También es señal de que no le apetece hacer vida social, así que no tenga miedo de tomarse un tiempo y descansar si lo necesita.

DOS
de copas

PLANETA REGENTE: Venus   **SIGNO DEL ZODIACO:** Cáncer
ELEMENTO: Agua   **SÍ O NO:** Sí   **PALABRAS CLAVE PARA LA CARTA DEL DERECHO:** Asociación, relaciones, unión espiritual, unidad, atracción mutua.   **PALABRAS CLAVE PARA LA CARTA INVERTIDA:** Mala comunicación, rupturas, separación, desconfianza, falta de armonía, tensión, desequilibrio.

Significado del derecho

El dos de copas representa el amor unificado, las asociaciones y relaciones. En la baraja de Rider-Waite-Smith la carta muestra a un hombre y una mujer intercambiando copas en algún tipo de ceremonia donde se prometen amor mutuo, lo que explica que la carta esté regida por Venus, el planeta del amor. La pareja de la carta también puede simbolizar la unidad en términos generales, así como el encaje de dos ideas diferentes.

Por encima de la pareja, el caduceo de Hermes, una vara alada con dos serpientes enroscadas a su alrededor. Este es el símbolo tradicional de Hermes, el mensajero de los dioses, usado para simbolizar la conexión e intercambio de energías entre dos personas, representado asimismo por el león. La carta corresponde al signo de Cáncer, que representa las emociones asociadas con ella y como señal para buscar estas conexiones con otra persona en su propia vida. Ya se trate de una relación romántica o platónica, la carta trata sobre dos personas que se juntan para sacar lo mejor de ambas.

Significado de la carta invertida

El dos de copas invertido puede indicar desconfianza, falta de armonía y desacuerdos en sus relaciones. Estos podrían surgir de la incompatibilidad o de la falta de ganas de ambos para dedicar el mismo tiempo y energía a la relación. Es preciso abordar la falta de equilibrio si quiere seguir adelante. La carta puede indicar una mala comunicación y la necesidad de hablar sobre sus emociones para liberar parte de la tensión que sufre. Representa asimismo las separaciones y rupturas si no se solucionan los problemas de la relación.

TRES
de copas

PLANETA REGENTE: Mercurio **SIGNO DEL ZODIACO:** Cáncer
ELEMENTO: Agua **SÍ O NO:** Sí **PALABRAS CLAVE PARA LA CARTA DEL DERECHO:** Amistad, creatividad, celebración, felicidad, colaboración, abundancia, hermandad entre mujeres. **PALABRAS CLAVE PARA LA CARTA INVERTIDA:** Exceso de placer, excesos, aislamiento, sentirse abrumado, habladurías, demasiadas fiestas.

Significado del derecho

El tres de copas representa una alegre celebración, la hermandad entre mujeres y la amistad. En la carta de Rider-Waite-Smith esto se expresa con tres mujeres bailando en círculo, cada una de ellas alzando una copa en un brindis. Indica que está entrando en un periodo de muchas relaciones sociales donde podrá encontrarse con las personas que ama. El planeta regente, Mercurio, el de la comunicación e intercambio de energía, facilita este ajetreado periodo de pasar un tiempo con montones de personas. Gracias al maternal signo de Cáncer, el reunirse con sus seres queridos le permite dar y recibir amor, compasión y cuidados.

Esta carta representa una época de abundancia, simbolizada por las flores al pie de las mujeres. Es señal de que se avecinan buenos tiempos. La carta representa también la colaboración y la creatividad y es una invitación a participar en un proyecto creativo con otra persona, de inspirarse mutuamente mientras trabajan por un objetivo común.

Significado de la carta invertida

El tres de copas invertido representa la complacencia y el exceso. La carta indica que asiste a demasiadas fiestas o una vida social muy intensa que le deja abrumado y exhausto. Le recuerda que todo, incluso las cosas buenas de la vida, puede ser perjudicial para su bienestar si es en exceso. La carta sugiere también que debe trabajar el desequilibrio entre su vida social y el tiempo que dedica al cuidado propio. Reserve un tiempo para descansar y centrarse en sí mismo.

CUATRO
de copas

PLANETA REGENTE: La Luna **SIGNO DEL ZODIACO:** Cáncer **ELEMENTO:** Agua **SÍ O NO:** Quizás **PALABRAS CLAVE PARA LA CARTA DEL DERECHO:** Contemplación, estancamiento, reevaluación, rechazar nuevas oportunidades, depresión, aburrimiento. **PALABRAS CLAVE PARA LA CARTA INVERTIDA:** Final del estancamiento, avance, aprovechar las oportunidades, motivación, entusiasmo.

Significado del derecho

El cuatro de copas representa las oportunidades perdidas y la falta de progreso. En la baraja de Rider-Waite-Smith esto se representa con un hombre sentado bajo un árbol en estado contemplativo. Está tan ensimismado que no ve las copas que se le ofrecen. Es señal de que está rechazando las nuevas oportunidades que le llegan. Piense por qué las está rechazando, para asegurarse de que no las deja pasar simplemente porque se halla estancado. En este contexto, la carta representa pérdida de motivación y puede ser señal de depresión, estancamiento, aburrimiento y decepción.

Regido por la Luna en el signo de Cáncer, el cuatro de copas sugiere que le están empujando para que permanezca en su zona de confort, pero esto podría hacerle reticente a probar nuevas experiencias. Soltar el miedo o la duda le permitirá ver las oportunidades que tiene al alcance, para aprovechar al máximo lo que se le ofrece.

Significado de la carta invertida

El cuatro de copas invertido puede ser indicativo de que está intentando salir del atasco. Si siente que ha pasado por un periodo de estancamiento, la carta indica que se siente más motivado y con más energía de lo que ha estado hace un tiempo, y que está listo para aprovechar las oportunidades que se avecinan. Últimamente se ha resistido a las oportunidades y nuevas experiencias, pero ahora las acepta con entusiasmo y las utiliza para avanzar en su camino.

CINCO
de copas

PLANETA REGENTE: Marte   **SIGNO DEL ZODIACO:** Escorpio   **ELEMENTO:** Agua
SÍ O NO: No   **PALABRAS CLAVE PARA LA CARTA DEL DERECHO:** Pérdida,
decepción, pena, arrepentimiento, pesimismo, fracaso, duelo.   **PALABRAS CLAVE PARA LA
CARTA INVERTIDA:** Aceptación, seguir adelante, perdonarse a sí mismo, encontrar la paz.

Significado del derecho

El cinco de copas representa el pesimismo,
el arrepentimiento y la decepción. En la baraja
de Rider-Waite-Smith la carta muestra a un
hombre mirando tres copas tiradas en el suelo,
simbolizando el fracaso y la pérdida. A sus
espaldas hay dos copas de pie, representando el
potencial y las oportunidades; es un recordatorio
de que queda esperanza, a pesar de que la
situación parezca desesperada. El hombre solo
se fija en las copas volcadas, señal de que se está
centrando demasiado en las dificultades de la
vida y, como consecuencia, se está perdiendo
nuevas oportunidades.

El hombre viste una pesada capa, simbolizando el peso de la tristeza y de la pena que
usted siente. Es incapaz de mostrarse optimista
y puede que decida seguir con su pesimismo
porque es incapaz de soltar el pasado. La carta
corresponde a Escorpio, el signo asociado con el
ciclo de nacimiento y muerte, que le recuerda
que sean cuales sean las dificultades, no durarán
para siempre.

Significado de la carta invertida

El cinco de copas invertido señala que debe
tratarse con más amabilidad. Puede que la vida
haya sido dura últimamente, incluso puede que
se culpe por las cosas que salieron mal, o que
sienta vergüenza por sus fracasos. Es hora de
perdonarse a sí mismo. Deje de culparse y de
preocuparse por lo que ya ha pasado. La carta le
invita a soltar todo lo que le lastra, para que
pueda encontrar la paz y seguir adelante. No se
puede cambiar el pasado, pero sí esforzarse para
que el futuro sea lo mejor posible.

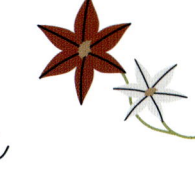

SEIS
de copas

PLANETA REGENTE: El Sol **SIGNO DEL ZODIACO:** Escorpio
ELEMENTO: Agua **SÍ O NO:** Sí **PALABRAS CLAVE PARA LA CARTA DEL DERECHO:** Reminiscencia, nostalgia, recuerdos, familiaridad, inocencia, alegría.
PALABRAS CLAVE PARA LA CARTA INVERTIDA: Perdón, vivir en el pasado, seguir adelante, encontrar, independencia.

Significado del derecho

El seis de copas representa los recuerdos de infancia, la inocencia y la alegría. En la baraja de Rider-Waite-Smith se ve a un muchacho inclinándose para entregarle una copa llena de flores blancas a una jovencita. Las flores representan la pureza y la inocencia de los niños, y la entrega de la copa entre las figuras evoca la generosidad y el hecho de compartir.

La niña mira con cariño al chico al aceptar la copa. Los niños representan un momento para rememorar el pasado y la carta puede indicar que últimamente se ha sentido nostálgico. También que algo de su pasado podría resurgir en el presente. Regida por el Sol, esta carta se asocia con la actitud positiva, la calidez y la felicidad; es buen momento para encontrarse con personas que quiere y compartir recuerdos con ellas. Recuerden juntos los tiempos felices y permítase conectar con su niño interior, sea juguetón, diviértase.

Significado de la carta invertida:

El seis de copas invertido puede significar que está viviendo en el pasado, hasta tal punto que pierde contacto con lo que está ocurriendo en el presente. Esto no significa que no pueda pensar en el pasado, siempre y cuando no deje que los recuerdos le avasallen. Puede que recuerde el pasado con gafas de color rosa y eso le puede hacer perder el contacto con la realidad, así que céntrese en el presente. Es hora de soltar los temas que datan de la infancia para estar listo y seguir adelante con independencia.

SIETE
de copas

PLANETA REGENTE: Venus   **SIGNO DEL ZODIACO:** Escorpio   **ELEMENTO:** Agua
SÍ O NO: Quizás   **PALABRAS CLAVE PARA LA CARTA DEL DERECHO:**
Oportunidades, opciones, soñar despierto, escapismo, hacerse ilusiones.   **PALABRAS CLAVE PARA LA CARTA INVERTIDA:** Confusión, abrumado por las opciones disponibles, desorganización, desvío.

Significado del derecho

El siete de copas representa nuevas oportunidades, decisiones y opciones. Esto queda simbolizado por siete copas reposando sobre unas nubes, llenas de distintos tesoros. Las nubes simbolizan nuestros sueños y pueden indicar que ha estado soñando despierto y que es propenso a las ideas poco realistas. Los tesoros representan la tentación: antes de tomar una decisión, asegúrese de que tiene toda la información necesaria para tomarla correctamente.

Entre los tesoros se esconde el peligro en forma de serpiente, lo que indica que no todas las opciones son tan buenas como podrían parecer al principio. El contenido de las copas simboliza también que podría usar los ensueños como una forma de escapismo, o que sus ideas no están arraigadas en la realidad. La serpiente representa la sexualidad y la renovación, y es también uno de los símbolos del signo de Escorpio. En la baraja de Rider-Waite-Smith vemos a un dragón en una de las copas, que representa el cambio, mientras que en las otras el castillo es la seguridad material, la corona de laurel el éxito, y las joyas la buena fortuna. Todas estas opciones pueden desviar su atención, sobre todo cuando las cosas parecen demasiado buenas para ser verdad.

Significado de la carta invertida

La carta del siete de copas invertida aparece en una lectura cuando la persona se siente abrumada ante las opciones que tiene delante. Podría sentirse confuso y no saber cuál es la mejor opción. Examine sus posibilidades y redúzcalas al máximo, para sentirse menos agobiado. No busque la opinión de otros; lleve su atención hacia el interior para conectar con su intuición y deje que esta le guíe en la dirección correcta.

OCHO
de copas

PLANETA REGENTE: Saturno   **SIGNO DEL ZODIACO:** Piscis
ELEMENTO: Agua   **SÍ O NO:** No   **PALABRAS CLAVE PARA LA CARTA DEL
DERECHO:** Decepción, abandono, soltar, seguir adelante, dejar algo atrás.   **PALABRAS
CLAVE PARA LA CARTA INVERTIDA:** Permanecer demasiado tiempo en un lugar,
vagar sin rumbo, miedo al cambio, miedo a la pérdida.

Significado del derecho

El ocho de copas representa la decepción y el
seguir adelante. Lo simboliza un hombre que se
aleja de una pirámide de copas no completada,
lo que podría indicar que ha abandonado usted
sus planes y que está decepcionado porque las
cosas no han salido como quería. Ya sea porque
lo ha decidido usted, o porque le han obligado
a hacerlo, la carta sugiere que debe soltar y
seguir adelante ya sea en un trabajo, relación
o amistad, porque es hora de ir a por algo mejor.
El planeta regente Saturno, asociado con la
sabiduría, le da la visión para saber cuándo
es el momento de marcharse.

La cordillera rocosa de la carta sugiere que
el viaje no siempre será fácil, pero que merece la
pena. El cambio puede resultar incómodo, pero
posee usted la determinación para alcanzar sus
metas. El río que discurre allí cerca representa
sus emociones y la necesidad de soltar las cosas
a las que se apega y que ya no le sirven de nada.

Significado de la carta invertida

El ocho de copas invertido indica que lleva
demasiado tiempo en una situación que le
perjudica. Si se ha estado preguntando si debe
quedarse o dejar atrás algo que ya no es para su
mejor bien, conecte con su intuición y esta le
guiará hacia el buen camino. Esta carta aparece
cuando uno es reticente a avanzar y se queda
estancado por temor al cambio. Por otro lado,
puede indicar también que no se siente satisfecho en un lugar y que solo está errando por
la vida, yendo de una cosa a otra.

NUEVE
de copas

PLANETA REGENTE: Júpiter   SIGNO DEL ZODIACO: Piscis   ELEMENTO: Agua
SÍ O NO: Sí   PALABRAS CLAVE PARA LA CARTA DEL DERECHO: Contento,
satisfacción, abundancia, gratitud, deseos cumplidos, placer, plenitud emocional.
PALABRAS CLAVE PARA LA CARTA INVERTIDA: Insatisfacción, actitud
negativa, pesimismo, deseos no cumplidos.

Significado del derecho

El nueve de copas muestra a un hombre con los brazos cruzados frente al pecho. A su alrededor, nueve copas se exhiben como trofeos: le recuerda que debe estar orgulloso sus logros. Es también una invitación a encontrar la abundancia en su propia vida con la ayuda de Júpiter, el planeta de la expansión y la buena fortuna. En estos momentos posee usted el toque del rey Midas, así que úselo para conseguir sus objetivos y cumplir sus deseos.

El nueve de copas es una carta muy positiva porque representa la plenitud y el contento en todas las esferas de la vida. Aunque no hay nada permanente, en estos momentos las cosas van bien. Si recientemente ha pasado dificultades, se acercan mejores tiempos. La carta representa el logro y el éxito, e indica que puede conseguir cualquier cosa. También es una llamada a disfrutar de los placeres que la vida le ofrece, y de sentir gratitud por la abundancia que le rodea.

Significado de la carta invertida

El nueve de copas invertido puede ser señal de que las cosas no han salido como esperaba, o que no ha logrado alcanzar sus objetivos; eso trae decepción e infelicidad. Puede indicar que tiene una mentalidad negativa o una visión pesimista, y esto se cruza en su camino y hace que cada vez sea más difícil lograr sus objetivos. Esto tiene un efecto negativo en su confianza y autoestima. La carta aparece cuando alguien le ha fallado, y representa deseos rotos y sueños no realizados.

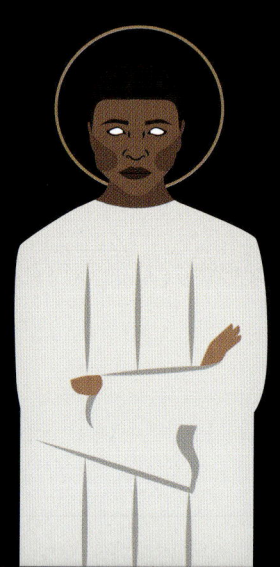

DIEZ
de copas

PLANETA REGENTE: Marte   **SIGNO DEL ZODIACO:** Piscis   **ELEMENTO:** Agua
SÍ O NO: Sí   **PALABRAS CLAVE PARA LA CARTA DEL DERECHO:** Felicidad interior, armonía, sintonía, plenitud, amor divino, relaciones felices.   **PALABRAS CLAVE PARA LA CARTA INVERTIDA:** Desconexión, problemas familiares, relaciones dificultosas, desajustes.

Significado del derecho

En la baraja de Rider-Waite-Smith, el diez de copas muestra a un hombre y a una mujer abrazados por la cintura. Simbolizan la felicidad material y le recuerdan que debe estar agradecido por las cosas buenas de la vida. Unos niños juegan felices alrededor de la pareja, simbolizando el paso de esta abundancia a la siguiente generación. Los niños simbolizan también la felicidad emocional y la alegría inocente. La familia representa las relaciones satisfactorias y puede ser señal de armonía en sus relaciones, en especial las familiares.

El gran arcoíris de la carta es un antiguo símbolo de la paz y del favor divino, que además realza la sensación de felicidad que se desprende de la carta. Si últimamente ha tenido dificultades, considere la carta como una promesa de que vendrán tiempos mejores. Gracias al signo de Piscis, la carta se vincula a la compasión y a compartir las cosas buenas de la vida con sus seres queridos. Es hora de recoger los frutos de todos sus esfuerzos.

Significado de la carta invertida

El diez de copas invertido puede indicar problemas familiares o un hogar infeliz. Las relaciones familiares pueden sufrir presiones y hay falta de armonía con las personas queridas. Quizás se sienta desconectado o que incluso se plantee hasta qué punto son sólidos los lazos familiares. Recuerde que toda relación pasa por malas épocas, y que esto no significa que los lazos estén permanentemente dañados. Es solo un recordatorio para ser realista sobre lo que espera de sus seres queridos. En un sentido contrario, la adversidad puede tener el efecto opuesto y unir más a las personas para resolver juntos un tema común.

PAJE
de copas

PLANETAS REGENTES: Júpiter y Venus   **SIGNOS DEL ZODIACO:** Piscis y Tauro
ELEMENTOS: Agua y Tierra   **SÍ O NO:** Sí   **PALABRAS CLAVE PARA LA CARTA DEL DERECHO:** Juventud, imaginación, oportunidades creativas, intuición.   **PALABRAS CLAVE PARA LA CARTA INVERTIDA:** Inmadurez emocional, inseguridad, duda, bloqueos creativos.

Significado del derecho

El paje de copas representa la juventud y a nuestro niño interior. Cuando aparece esta carta, nos invita a no tomarnos la vida demasiado en serio. También trae mensajes intuitivos y oportunidades creativas. Nos recuerda que debemos confiar en nuestra intuición para aprender sobre nosotros mismos. Si últimamente ha tenido problemas, es señal de que podría llegarle una onda creativa repentina.

En la carta, un joven está de pie en la orilla del mar sosteniendo una copa. Un pez salta de la copa, indicando que podría recibir noticias inesperadas, aunque buenas. Podría descubrir que surgen emociones inesperadas en estos momentos. Si esta carta de la corte representa a una persona, esta suele ser un niño o una persona joven. Debido al signo de Piscis, esta persona es soñadora, idealista y sensible. Vinculada también a Tauro, un signo de tierra, es una invitación a traer mayor equilibrio y estabilidad a su vida.

Significado de la carta invertida

El paje de copas invertido indica que ha estado descuidando su niño interior. Se ha tomado las cosas demasiado en serio y debe conectar con el lado más liviano de la vida. Puede ser señal de que ha estado ignorando su intuición y las informaciones que su instinto le ha ofrecido. La carta puede indicar falta de inspiración y bloqueos creativos. Deje de dudar de sí mismo y de sentirse inseguro; redescubra su pasión creativa, ya que esto le ayudará a eliminar cualquier obstáculo del camino. La carta puede representar también la inmadurez emocional.

CABALLERO
de copas

PLANETAS REGENTES: Venus y el Sol **SIGNOS DEL ZODIACO:** Piscis y Leo
ELEMENTOS: Agua y Fuego **SÍ O NO:** Sí **PALABRAS CLAVE PARA LA CARTA DEL**
DERECHO: Encanto, romance, idealismo, seducción, seguir el corazón. **PALABRAS CLAVE**
PARA LA CARTA INVERTIDA: Voluble, poco realista, estado de ánimo cambiante,
celoso, imaginación hiperactiva.

Significado del derecho

En la baraja de Rider-Waite-Smith, la carta muestra a un caballero con armadura, sosteniendo una copa mientras cabalga en un caballo blanco, símbolo de pureza y espiritualidad. Representa la acción y el impulso y, por ser del palo de copas, esta carta se asocia con las emociones y la intuición. Indica invitaciones, buenas noticias y permanecer arraigado para saber discernir la diferencia entre la realidad y lo que pertenece al reino de los sueños y la imaginación.

Con Venus como planeta regente, la carta se asocia con el romance y simboliza el encanto, la confianza y la seducción. Cuando el valor y la pasión del signo de Leo se juntan con la emoción y la intuición de Piscis, hacen que la carta sea positiva si la lectura trata sobre temas amorosos. ¡Es señal de que se enamorará apasionadamente! Si se trata de asuntos de corazón, tome cualquier decisión basándose en lo que siente, no en lo que le dicta la cabeza. Es hora de seguir el corazón.

Significado de la carta invertida

El caballero de copas invertido le dice que no debe dejarse arrastrar por las emociones. Representa los celos, los estados de ánimo cambiantes, y puede simbolizar malas noticias o frustraciones. La carta puede indicar también que posee una imaginación hiperactiva y, como resultado, sus ideas no son realistas porque está desconectado de la realidad. Para avanzar en la vida y superar los obstáculos, sus ideas y sus sueños deben estar arraigadas en el mundo real, echar raíces y florecer. La carta también puede apuntar a una persona voluble.

REINA
de copas

PLANETAS REGENTES: Luna y Venus   **SIGNOS DEL ZODIACO:** Piscis y Cáncer
ELEMENTO: Agua   **SÍ O NO:** Sí   **PALABRAS CLAVE PARA LA CARTA DEL DERECHO:** Compasión, intuición, calma, estabilidad emocional, capacidades psíquicas, empatía.
PALABRAS CLAVE PARA LA CARTA INVERTIDA: Inestabilidad emocional, codependencia, inseguridad, espiritualmente desconectado.

Significado del derecho

La reina de copas muestra a una mujer sentada en un trono a la orilla del mar. Sostiene una copa con tapa, que simboliza que sus emociones provienen de las profundidades de su mente subconsciente. Esto puede indicar que le gusta ser reservado con sus sentimientos. Asociada a dos signos de agua (Piscis y Cáncer), la carta se centra en sus emociones, pero como la reina rige el elemento agua, simboliza estabilidad emocional y sugiere que usted controla sus emociones. Esto se debe a que es una carta muy intuitiva y es señal de confiar en los mensajes que le envía la intuición, en especial en sueños, y de explorar sus capacidades psíquicas.

La reina de copas representa a alguien de naturaleza maternal. Tradicionalmente indica una mujer madura, pero puede ser cualquiera que sea maternal, afectuoso y solidario. Saben escuchar y suelen tener empatía. Puede ser señal de que debe ser más compasivo consigo mismo y con las personas de su entorno; dese un tiempo para cuidar de su salud emocional y de su bienestar.

Significado de la carta invertida

La reina de copas invertida representa la inestabilidad emocional, la inseguridad, y puede sugerir que no se siente en sintonía con sus propias emociones. Indica también un nivel de inmadurez emocional. Esta falta de sintonía puede llevar a ser codependiente en una relación donde asume las emociones del otro de tal modo que perjudica su propia salud mental. Esto le puede hacer sentir desconectado de sí mismo y de su espiritualidad. Es momento de examinar sus relaciones para ver dónde necesita acabar con algún apego malsano.

REY
de copas

PLANETAS REGENTES: Venus y Júpiter   **SIGNOS DEL ZODIACO:** Piscis y Libra
ELEMENTOS: Agua y Aire   **SÍ O NO:** Sí   **PALABRAS CLAVE PARA LA CARTA DEL
DERECHO:** Madurez emocional, equilibrio emocional, generosidad, equilibrio entre mente
y corazón.   **PALABRAS CLAVE PARA LA CARTA INVERTIDA:** Frialdad, manipulación
emocional, cambios de ánimo, egoísmo.

Significado del derecho

El rey de copas está ante un trono de piedra que
representa la madurez emocional, indicando
que usted tiene poder sobre sus emociones.
El rey sostiene una copa en una mano, representando las emociones, y un cetro en la otra que
es el poder: juntos, simbolizan el equilibrio
emocional. Regido por el elemento agua (Piscis)
y aire (Libra), la carta es una mezcla de emoción
y lógica y es señal de que debe equilibrar la mente
y el corazón. Recuerde aplicar la racionalidad a
cualquier decisión y no deje que los sentimientos
asuman el control.

Esta carta se asocia asimismo con la creatividad, simbolizada por un pez amuleto que el rey
lleva colgado al cuello. Es señal de que rebosa
energía creativa y la carta le invita a examinar
su lado artístico. Si el rey de copas tuviera que
representar a una persona, tradicionalmente
sería alguien mayor de 40 años, pero la energía
masculina de la carta habla de cualquier persona que sea tranquila, amable y compasiva, con
una buena intuición.

Significado de la carta invertida

El rey de copas invertido representa falta de
madurez emocional y equilibrio. Está dejando
que le controlen las emociones y estas están
ganando terreno. Asimismo, puede representar
la manipulación emocional. La carta apunta a
que invierte demasiada energía en sus emociones, y eso le puede dejar deprimido, con altibajos
emocionales y sintiéndose abrumado por sus
responsabilidades. Indica que no se trata con
amabilidad y que se toma las cosas demasiado a
pecho: debe hallar el equilibrio entre la cabeza
y el corazón.

PALO DE BASTOS

AS
de bastos

PLANETA REGENTE: Marte **SIGNOS DEL ZODIACO:** Aries, Leo y Sagitario
ELEMENTO: Fuego **SÍ O NO:** Sí **PALABRAS CLAVE PARA LA CARTA DEL
DERECHO:** Inspiración, nuevas ideas, creatividad, nuevas oportunidades, crecimiento, potencial,
entusiasmo. **PALABRAS CLAVE PARA LA CARTA INVERTIDA:** Falta de energía,
falta de rumbo, demoras, distracciones, falta de pasión.

Significado del derecho

El as de bastos representa nuevos comienzos y
potencial, simbolizado por las hojas que crecen
de la vara y que representan promesas y oportunidades. Rebosa de energía creativa y le pide
que conecte con sus pasiones y deje que estas le
guíen hacia sus objetivos. Es señal de que ha
encontrado el interés y la energía para un nuevo
proyecto, trabajo o relación, o tal vez que está
emprendiendo un nuevo rumbo.

Estas oportunidades las representa el signo
de Aries. La carta se asocia con los otros dos
signos de fuego, Leo y Sagitario, que simbolizan
la creatividad y la inspiración. Es un recordatorio
para permanecer motivado mientras trabaja
enfocado a lograr sus objetivos. El as de bastos
trae energía positiva, pero no garantiza el éxito.
Es una invitación a aprovechar al máximo el
crecimiento que se le ofrece; es un trabajo duro
que convertirá sus ideas en algo duradero.

Significado de la carta invertida

El as de bastos invertido indica una falta de
pasión y motivación, un talento desperdiciado.
La carta representa reveses y demoras, y puede
indicar que vacila a la hora de iniciar algo nuevo,
ya sea un proyecto o un cambio de dirección.
La carta simboliza las oportunidades perdidas y
le recuerda que no debe impedir el camino de su
propio crecimiento con su renuncia a hacer algo
que no le resulte familiar. Podría no sentirse
inspirado, pero a lo mejor se está presionando
demasiado. Tómese un respiro y espere un poco
para que fluya la inspiración.

DOS
de bastos

PLANETA REGENTE: Marte **SIGNO DEL ZODIACO:** Aries **ELEMENTO:** Fuego
SÍ O NO: Sí **PALABRAS CLAVE PARA LA CARTA DEL DERECHO:** Planificación del
futuro, constancia, toma de decisiones, progreso, descubrimiento. **PALABRAS CLAVE PARA
LA CARTA INVERTIDA:** Miedo al cambio, indecisión, mala planificación, apostar
por lo seguro, inacción.

Significado del derecho

En la baraja de Rider-Waite-Smith, el dos de bastos muestra a un hombre de pie a lo alto de un castillo. Sostiene un globo terráqueo, que representa su gran potencial, y una vara. Detrás de la figura, una segunda vara simboliza la toma de decisiones. Indica que puede que tenga que decidir si entra en territorio desconocido para aprovechar al máximo las oportunidades que se avecinan. El castillo representa el lugar donde se siente cómodo, pero como la carta habla de descubrimiento, le recuerda probar algo nuevo para ampliar sus horizontes y desencadenar su potencial.

El dos de bastos trata sobre explorar las opciones disponibles y planificar los pasos siguientes. La energía de Marte, el planeta regente, en el signo de Aries le invita a la acción y le muestra la importancia de contar con una estrategia a la hora de pasar a territorio desconocido. Una vez conozca las opciones que se abren ante usted, podrá decidir qué quiere conseguir y cómo lograrlo, puesto que las estrategias a largo plazo le conducirán al éxito.

Significado de la carta invertida

El dos de bastos invertido indica que se siente indeciso. Tiene que elegir, pero el miedo al cambio dificulta la elección del camino a tomar. Está apostando sobre seguro, hasta el punto de que no actúa. Es hora de abandonar su zona de confort. Esta carta representa también la mala planificación, que dificulta su avance. Céntrese en sus objetivos a largo plazo y en cómo piensa alcanzarlos.

TRES
de bastos

PLANETA REGENTE: El Sol **SIGNO DEL ZODIACO:** Aries **ELEMENTO:** Fuego
SÍ O NO: Sí **PALABRAS CLAVE PARA LA CARTA DEL DERECHO:** Mirar hacia
el futuro, progreso, crecimiento, previsión, expansión, ímpetu. **PALABRAS CLAVE PARA
LA CARTA INVERTIDA:** Falta de previsión, demoras, obstáculos, bloqueos, frustración,
falta de progreso.

Significado del derecho

El tres de bastos representa la planificación del futuro, simbolizado por un hombre de pie frente a un precipicio, observando la tierra a sus pies. Es momento de mirar hacia adelante y ampliar sus horizontes, para planificar el camino hasta lograr sus metas, detectando los retos antes de que surjan y encontrando modos de superarlos. Sin embargo, como el hombre al borde del precipicio, hágalo desde un lugar seguro: esto le ayudará a preparar unos planes sólidos para seguir avanzando.

Al lado del hombre vemos tres varas en el suelo, símbolo de su compromiso con sus planes. Para ir progresando, tómese antes un tiempo para planificar su futuro y comprométase con sus estrategias. Precisará valor y disciplina, pero está preparado para lo que le espera. Gracias al Sol, la carta se asocia también con la confianza en sí mismo y le sugiere que crea en usted y en sus capacidades. Es hora de pensar a lo grande y ver más allá de sus circunstancias actuales; no tenga miedo de correr riesgos calculados para alcanzar sus objetivos.

Significado de la carta invertida

El tres de bastos invertido indica falta de planificación, de progreso y de crecimiento. Su falta de confianza en sí mismo dificulta la puesta en marcha de sus ideas. La carta puede ser también señal de que ha tomado una decisión con la que no se siente cómodo y que la situación en la que se encuentra ahora le ha decepcionado. Cuando aparece esta carta, espere retrasos: debido a una falta de previsión, podría toparse con obstáculos y desafíos imprevistos que bloquean el camino hacia sus objetivos.

CUATRO
de bastos

PLANETA REGENTE: Venus   **SIGNO DEL ZODIACO:** Aries   **ELEMENTO:** Fuego
SÍ O NO: Sí   **PALABRAS CLAVE PARA LA CARTA DEL DERECHO:** Celebración, hogar, armonía, alegría, regreso al hogar, comunidad.   **PALABRAS CLAVE PARA LA CARTA INVERTIDA:** Falta de apoyo, conflicto, desavenencias en el hogar, familias infelices.

Significado del derecho

En la baraja de Rider-Waite-Smith vemos tres varas adornadas bajo una guirnalda de flores, reflejando las energías de Venus, el planeta del amor y de la belleza. Al fondo, dos personas bailan felices, representando la alegría, la armonía y el contento; la carta le dice que lo celebre con sus seres queridos. Simboliza también la satisfacción y la felicidad que se obtiene al ver que el duro esfuerzo ha sido recompensado. Le recuerda que debe sentirse orgulloso de lo conseguido y del camino que ya ha recorrido.

El cuatro de bastos se asocia con el entorno familiar y el regreso al hogar. En la carta de Rider-Waite-Smith esto queda representado por el castillo, que simboliza la estabilidad. Podría estar regresando a un entorno familiar y a las personas que quiere tras un tiempo fuera, o podría ser un regreso al hogar metafórico. Indica un tiempo de seguridad, que se siente relajado y que se encuentra en el lugar al cual pertenece. En este contexto, la carta representa la comunidad o el trabajo en equipo, en el que las personas se reúnen con un objetivo o interés común.

Significado de la carta invertida

El cuatro de bastos invertido representa celebraciones canceladas, falta de armonía y desavenencias en el seno de la familia. Puede indicar conflicto, un entorno familiar tenso o incluso la marcha del hogar. Tal vez no se sienta bienvenido o no reciba el apoyo que necesita. Las familias infelices suscitan sentimientos de inseguridad e inestabilidad, y la carta podría sugerir que pasa por una época de cambios. Puede sentir que ha perdido el equilibrio y que no sabe en quién confiar. Intente equilibrar su vida mediante prácticas de meditación y arraigo.

Significado del derecho

El cinco de bastos representa el conflicto, el desacuerdo y el cambio. Gracias a Saturno, el planeta regente de la carta, es reacio a cambiar hasta el punto en que limita sus propios movimientos. Es señal de que podría estar pasando una época de tensiones con algunas personas de su entorno. El cinco de bastos muestra que los choques de personalidad, el ego y la mala comunicación generan desacuerdos. Esto queda simbolizado por el desorden que vemos en la carta; todos quieren ser escuchados, pero nadie escucha al otro. Sus dotes de comunicación le ayudarán a encontrar la causa del problema.

La carta representa el tipo de competencia que crea obstáculos. Las figuras de la carta alzan sus bastos, pero estos no se tocan, lo que apunta a una acumulación de frustración, enojo y resentimiento hasta el punto en que estas emociones se desbordan y se convierten en desacuerdos y luchas. Comunicar cómo se siente a las personas de su entorno le ayudará a liberar estas emociones antes de que se desborden.

Significado de la carta invertida

El cinco de bastos invertido representa el fin del conflicto y de las discusiones. Si las cosas han sido difíciles últimamente, esta carta indica que se avecinan tiempos mejores, donde la tensión se libera y se abre un periodo de calma y cooperación. Es momento de llegar a un compromiso y encontrar juntos la solución. Se pueden tener diferentes opiniones o puntos de vista, siempre y cuando estos se respeten. La carta sugiere también que está evitando el conflicto y la confrontación, pero eso no hará desaparecer los problemas.

SEIS
de bastos

PLANETA REGENTE: Júpiter   **SIGNO DEL ZODIACO:** Leo   **ELEMENTO:** Fuego
SÍ O NO: Sí   **PALABRAS CLAVE PARA LA CARTA DEL DERECHO:** Éxito,
reconocimiento público, victoria, progreso, confianza en sí mismo, triunfo.   **PALABRAS CLAVE
PARA LA CARTA INVERTIDA:** Orgullo excesivo, falta de reconocimiento,
castigo, fracaso, falta de logros.

Significado del derecho

En el seis de bastos se ve a un hombre cabalgando, símbolo de la victoria y el éxito. Si las cosas han sido difíciles últimamente, llegan tiempos mejores. Júpiter le ayudará con su energía expansiva a triunfar sobre la adversidad. En la baraja de Rider-Waite-Smith, el hombre está rodeado por una multitud que le aclama, lo cual representa el reconocimiento público. Si ahora no se siente apreciado, pronto le llegará el honor y el reconocimiento que merece.

    La carta indica también que ha estado trabajando duro para superar los desafíos y que está consiguiendo sus objetivos. El jinete está seguro de sí mismo, porque no teme mostrar a los demás lo que ha logrado: es una invitación para que usted haga lo mismo. Es un buen impulso para su autoestima. Aproveche la fuerza y el valor de Leo, el signo asociado con la carta. Se merece los elogios que está recibiendo.

Significado de la carta invertida

La carta del seis de bastos invertida representa el fracaso o la falta de éxito, y puede indicar sentimientos y emociones negativas hacia sí mismo. Se ha esforzado mucho, pero independientemente de lo que haya conseguido, cree que no recibe el reconocimiento que merece. La carta le pide que tome conciencia de ello, para asegurarse de que estos sentimientos no son producto del orgullo o la arrogancia. La carta puede indicar que su confianza ha sufrido un golpe y, como resultado, duda de sus habilidades hasta el punto en que ello le impide alcanzar su potencial.

SIETE
de bastos

PLANETA REGENTE: Marte   **SIGNO DEL ZODIACO:** Leo   **ELEMENTO:** Fuego
SÍ O NO: Quizás   **PALABRAS CLAVE PARA LA CARTA DEL DERECHO:** Desafío,
competencia, perseverancia, protección, mantener el control, defensa propia.   **PALABRAS
CLAVE PARA LA CARTA INVERTIDA:** Falta de confianza en uno mismo,
renuncia, sentirse abrumado.

Significado del derecho

En la baraja de Rider-Waite-Smith, el siete de bastos muestra a un hombre de pie al borde de un precipicio rocoso, luchando contra siete palos que le atacan desde abajo. Está defendiendo su territorio y simboliza la necesidad de protegerse. En la vida todos afrontamos desafíos, lo que es señal de que se está enfrentando a sus propias dificultades y que otros compiten por ocupar su puesto. Se ha esforzado mucho para llegar donde está y no es momento de abandonar. Defienda su lugar aunque para ello tenga que luchar, persevere y use la fuerza de voluntad y el empuje de Marte, el planeta regente de la carta, para defender con éxito su posición.

Esté dispuesto a defender sus opiniones y creencias, en especial si su punto de vista es poco popular. En la baraja de Rider-Waite-Smith, el hombre lleva un zapato diferente al otro. Esto simboliza que usted no está seguro de sus opiniones ni de aquello en lo que cree. También puede indicar que han surgido retos inesperados que le han pillado desprevenido. Tómese un tiempo para pensar en qué cree exactamente.

Significado de la carta invertida

El siete de bastos invertido representa la derrota, el ceder o echarse atrás. Puede indicar que le están desafiando y que le resulta difícil defenderse a sí mismo y aquello en lo que cree. La falta de confianza y autoestima puede dificultar la defensa de su posición o punto de vista, hasta el punto en que se siente incapaz de expresarse. Tal vez se sienta presionado para actuar en contra de sus creencias o su moral. Quizás se sienta abrumado y exhausto por el desafío al que se enfrenta.

OCHO
de bastos

PLANETA REGENTE: Mercurio **SIGNO DEL ZODIACO:** Sagitario **ELEMENTO:** Fuego
SÍ O NO: Sí **PALABRAS CLAVE PARA LA CARTA DEL DERECHO:** Movimiento, ritmo rápido, armonización, acción rápida, decisiones rápidas, cambios repentinos. **PALABRAS CLAVE PARA LA CARTA INVERTIDA:** Demoras, frustración, resistencia al cambio, espera, lentificación, perder impulso.

Significado del derecho

La carta muestra ocho palos que parecen volar por los aires rápidamente, simbolizando el movimiento, la acción rápida y tomar decisiones al momento. Esta dinámica carta anuncia que está a punto de recibir un empujoncito en la dirección correcta que le ayudará a alcanzar sus metas. Dice que tiene que dejar de oponerse a la corriente de energía y aprender a fluir con ella. Esto le dará un nuevo impulso.

El ocho de bastos le recuerda que necesita un plan definido para lograr sus objetivos. Intentar centrarse en más de una cosa a la vez no hará más que dividir su atención, así que elija una y concentre toda su energía en obtenerla. Si está a punto de alcanzar sus objetivos, recogerá los frutos de su duro trabajo. Las cosas se acelerarán, así que espere una época movidita.

Significado de la carta invertida

La carta del ocho de bastos invertida representa demoras y falta de acción. Es señal de que el avance es lento porque es incapaz de centrarse en sus objetivos. La carta le anima a seguir trabajando duro y a no ceder. Puede que se enfrente a retos y que las cosas no salgan como esperaba, y que todo ello cause frustración, impaciencia y una forma de hacer impulsiva. No actúe precipitadamente hasta que las cosas no sean bastante más predecibles, y no tome decisiones sin reflexionar primero.

NUEVE
de bastos

PLANETA REGENTE: La Luna   **SIGNO DEL ZODIACO:** Sagitario   **ELEMENTO:** Fuego
SÍ O NO: Quizás   **PALABRAS CLAVE PARA LA CARTA DEL DERECHO:** Resiliencia, valor, persistencia, un último esfuerzo, límites, perseverancia.   **PALABRAS CLAVE PARA LA CARTA INVERTIDA:** Fatiga, defensiva, lucha, abrumado, testarudo, ceder.

Significado del derecho

En la baraja de Rider-Waite-Smith, el nueve de bastos muestra a un hombre herido y exhausto apoyado en un palo, con ocho más a sus espaldas. Puede indicar que ha pasado una mala época, y la energía de la Luna le habrá dejando sintiéndose emocional y mentalmente maltrecho. Aunque el hombre parece que venga de una batalla, posee la determinación y la voluntad de enfrentarse a los retos que surjan en su camino. Debe profundizar más porque hay obstáculos por delante y no puede ceder. Es momento de encontrar la fuerza y el valor necesarios para seguir adelante.

Cuando aparece esta carta, considérelo una prueba de su capacidad de resistencia y de perseverar frente a la adversidad. Está muy cerca de realizar sus objetivos, solo tiene que darse un empujoncito más. Simboliza el último esfuerzo. El muro formado por los ocho palos detrás del hombre representa también los límites. Una vez establecidos unos límites correctos, depende de usted reforzarlos para que protejan su energía.

Significado de la carta invertida

El nueve de bastos invertido es señal de que está exhausto tras enfrentarse a numerosos retos, pero la carta le anima a seguir adelante, ¡no ceda ante el último obstáculo! Se siente abrumado por las responsabilidades, hasta el punto de que no ve el camino. Como resultado, se ha puesto a la defensiva para protegerse. No avanza mucho porque se niega a ceder en algún punto de sus planes o ideas. Indica también que está siendo testarudo, y eso no hace más que aumentar la rigidez de sus planteamientos.

DIEZ
de bastos

PLANETA REGENTE: Saturno **SIGNO DEL ZODIACO:** Sagitario **ELEMENTO:** Fuego
SÍ O NO: Sí **PALABRAS CLAVE PARA LA CARTA DEL DERECHO:** Responsabilidad, carga, estrés, lucha, agotamiento, delegación. **PALABRAS CLAVE PARA LA CARTA INVERTIDA:** Reticencia a delegar, estresado, exceso de responsabilidad, colapso.

Significado del derecho

El diez de bastos representa la asunción de una responsabilidad excesiva. Esto queda simbolizado por la figura que en la carta lucha por sostener los diez bastos. Indica que ha estado trabajando muy duro y que ahora se siente agotado y estresado. Dé un paso atrás y aprenda a delegar para no perder el ritmo. El espíritu libre de Sagitario le recuerda que hay más cosas en la vida que el trabajo, así que opte por un sano equilibrio entre vida y trabajo.

En la baraja de Rider-Waite-Smith, la casa en la distancia simboliza que se está aproximando a sus objetivos; solo le queda un corto trecho hasta poder soltar el peso que lleva encima. La carta sugiere que no dedica el tiempo suficiente al descanso y al cuidado propio. Debido a la regencia de Saturno, puede asumir nuevos compromisos por sentido de la obligación o del deber, y sentir que no tiene otra alternativa que aceptar más estrés.

Significado de la carta invertida

El diez de bastos invertido indica que se halla al borde de una crisis. Ha asumido demasiadas responsabilidades porque dice «sí» a más de lo que realmente puede manejar. No delega e intenta hacerlo todo por sí mismo, y el resultado es que se esfuerza muchísimo pero no llega a ninguna parte. Le cuesta aceptar ayuda y, por eso, carga con todo usted solo, lo que le lleva al borde de la crisis. La carta le recuerda que no puede encargarse de todas sus responsabilidades. Es hora de pedir ayuda y aprender a decir «no» a las cosas que no puede manejar.

PAJE
de bastos

PLANETAS REGENTES: Venus y el Sol **SIGNOS DEL ZODIACO:** Leo y Tauro
ELEMENTOS: Fuego y Tierra **SÍ O NO:** Sí **PALABRAS CLAVE PARA LA CARTA
DEL DERECHO:** Exploración, inspiración, ideas, espíritu libre, excitación, descubrimiento,
extraversión, nuevas ideas, energía. **PALABRAS CLAVE PARA LA CARTA INVERTIDA:**
Dilación, falta de dirección y de ideas, creencias limitadoras, pereza, impaciencia.

Significado del derecho

El paje de bastos muestra a un hombre sujetando una vara, observando con curiosidad las hojas verdes de su parte superior. Esto simboliza el crecimiento de nuevas ideas y la creatividad y, gracias a la energía del Sol en Leo, representa también la inspiración. La salamandra, una criatura mítica, se asocia con el fuego y la transformación. Las hojas sugieren un potencial ilimitado y nos invitan a aprovechar al máximo las oportunidades. La carta simboliza los nuevos comienzos y el inicio de un viaje de exploración y descubrimiento. Es muy buen momento para emprender proyectos creativos y hacer planes para el futuro.

Los pajes son mensajeros y la carta es señal de que se acercan buenas noticias. Asimismo, puede indicar que actúa de forma impulsiva y que se precipita hacia algo nuevo sin disponer de toda la información necesaria para elegir correctamente. Representa el inicio de un viaje espiritual donde empleará su mente curiosa para aprender y explorar nuevas prácticas y creencias.

Significado de la carta invertida

El paje de bastos invertido representa falta de inspiración y de ideas. Indica que las nuevas cosas que desea empezar no pasarán de la etapa de planificación. Ha perdido la motivación y está retrasando las cosas porque se ha encontrado con retos que le hacen dudar sobre cómo seguir adelante. Esto puede causar frustración e impaciencia, y es señal de que está dejando que las creencias limitadoras impidan que desarrolle su potencial. Sus miedos y su ansiedad le paralizan, impidiéndole seguir avanzando hacia sus objetivos. La carta simboliza también la pereza y la poca fiabilidad.

CABALLERO
de bastos

PLANETAS REGENTES: El Sol y Marte   **SIGNOS DEL ZODIACO:** Leo y Aries
ELEMENTO: Fuego   **SÍ O NO:** Sí   **PALABRAS CLAVE PARA LA CARTA DEL DERECHO:** Pasión, acción inspirada, intrepidez, valor, temperamento, energía.   **PALABRAS CLAVE PARA LA CARTA INVERTIDA:** Energía mal enfocada, temeridad, arrogancia, impaciencia, falta de autocontrol, demoras.

Significado del derecho

La carta muestra a un caballero con armadura y una túnica ornamentada con salamandras, un animal asociado con el elemento fuego. Es momento de canalizar la energía y la pasión de este elemento para alcanzar sus objetivos. Si un proyecto se ha estancado, ahora debe actuar para que siga adelante. El caballero lleva una vara con brotes que simboliza la pasión, la inspiración, el crecimiento y nuevas esperanzas.

El caballero de bastos confía en sí mismo; su rostro muestra confianza y determinación. Regido por Marte (en Aries) indica que debe pro-fundizar y conectar con su energía interior para alimentar su fuerza de voluntad. La regencia del Sol (en Leo) trae inspiración y es también una invitación a liberar su creatividad y nutrir sus pasiones. Sea valiente y dispóngase a avanzar hacia lo desconocido. La carta le sugiere iniciar únicamente aquellas cosas que sabe con certeza que puede terminar.

Significado de la carta invertida

El caballero de bastos invertido representa falta de voluntad, energía y entusiasmo. Es señal de que su energía carece de foco y dirección y, como resultado, ni avanza personalmente ni sus planes progresan. Indica que debe reevaluar lo que desea, para poder concentrar su energía en un objetivo a la vez.

REINA
de bastos

PLANETAS REGENTES: La Luna y Júpiter   **SIGNOS DEL ZODIACO:** Cáncer y Sagitario
ELEMENTOS: Fuego y Agua   **SÍ O NO:** Sí   **PALABRAS CLAVE PARA LA CARTA
DEL DERECHO:** Valor, confianza, determinación, pasión, optimista, sociable.   **PALABRAS
CLAVE PARA LA CARTA INVERTIDA:** Introvertido, inseguro, falta de confianza
en sí mismo, celoso, exigente, temperamental.

Significado del derecho

La reina de bastos está sentada en un trono
ornamentado con leones, símbolo de fuerza y
del elemento fuego. Representa el valor e indica
que debe usar su valor y su espíritu independiente para seguir adelante. La carta representa
el liderazgo inspirado gracias a Júpiter, simbolizado por la vara que sostiene la reina. Los brotes
verdes que salen de la parte superior de la vara
indican el crecimiento y la fertilidad. En la otra
mano la reina sostiene un girasol, que simboliza
la felicidad, la creatividad y la alegría. Un gato
negro está sentado a sus pies, señal de que la
reina es consciente de su yo en la sombra.

Esta carta es una invitación a aprovechar su
determinación y pasión, que le ayudarán a lograr
lo que desea. Si se centra en sus objetivos, el avance será notable. La reina de bastos representa
también el optimismo y la confianza, y le recuerda que debe mantenerse positivo ante la adversidad. No tema ser audaz a la hora de actuar. Una
mentalidad confiada le llevará lejos. La carta
aparece cuando se siente sociable e indica que
vale la pena pasar más tiempo con los demás.

Significado de la carta invertida

La reina de bastos invertida es señal de que se
siente abrumado y pesimista, y eso le lleva a la
introversión y a tener menos ganas de relacio-
narse. Ha asumido más de lo que puede manejar
y está agotado. Permítase un tiempo de simplemente «ser» para retirarse un poco del mundo.
La carta representa falta de confianza en uno
mismo e indica que se siente inseguro; eso le
vuelve exigente y temperamental, según su estado de ánimo. Puede indicar que están asomando
los celos y que está dejando que este sentimiento influya sobre sus acciones.

REY
de bastos

PLANETAS REGENTES: El Sol y Saturno   **SIGNO DEL ZODIACO:** Aries y Acuario   **ELEMENTOS:** Fuego y Aire   **SÍ O NO:** Sí   **PALABRAS CLAVE PARA LA CARTA DEL DERECHO:** Líder nato, superar obstáculos, visión, optimismo, asumir el control.   **PALABRAS CLAVE PARA LA CARTA INVERTIDA:** Autoritario, liderazgo deficiente, impotencia, ineficacia, dominante.

Significado del derecho

El rey de bastos está sentado en un trono e irradia autoridad: es un líder nato y sostiene una vara con brotes que simboliza la creatividad y la inspiración. Los leones de la carta simbolizan la fuerza y el elemento fuego, así como el entusiasmo y el optimismo. Las salamandras del trono apuntan a la determinación necesaria para superar obstáculos, indicando que se siente motivado y que puede motivar a los demás. Gracias a la regencia del Sol y de Saturno, posee una mentalidad innovadora que le convierte en un buen líder. Está creando una base sólida sobre la cual construir un éxito duradero.

Tiene una visión clara de lo que quiere conseguir en el futuro y sabe exactamente cómo planificarlo para que se cumpla. Es señal de que tiene una visión de conjunto de su actual situación, que le permite detectar cualquier reto potencial y actuar para superarlo. Le recuerda lo capaz que es y lo anima a confiar en sí mismo y en sus capacidades.

Significado de la carta invertida

El rey de bastos invertido representa falta de entusiasmo y un liderazgo deficiente. No avanza hacia sus objetivos porque no es proactivo. La carta aparece cuando usted o alguien de su entorno es autoritario, contundente y dominante. Es señal de que se siente impotente y que no controla su vida ni la dirección hacia la que avanza. La carta simboliza asimismo que está siendo implacable, arrogante e incluso agresivo en la persecución de sus metas. Le recuerda que no es bueno lograr sus objetivos a costa de los demás.

PALO DE OROS

AS
de oros

PLANETA REGENTE: Saturno   **SIGNOS DEL ZODIACO:** Tauro, Virgo y Capricornio
ELEMENTO: Tierra   **SÍ O NO:** Sí   **PALABRAS CLAVE PARA LA CARTA DEL DERECHO:** Abundancia, prosperidad, manifestación, oportunidad económica.   **PALABRAS CLAVE PARA LA CARTA INVERTIDA:** Oportunidad perdida, falta de planificación, falta de visión, mala inversión, ocasión desaprovechada.

Significado del derecho

El as de oros representa nuevos comienzos en términos de dinero, salud y profesión. La carta muestra una mano saliendo de una nube, sosteniendo una moneda de oro que representa buena fortuna y oportunidad económica. Es un recordatorio para aprovechar al máximo las oportunidades que se presentan. Esto queda simbolizado por las bonitas flores y la vegetación que rodean la moneda, y la hierba fresca abajo, señal de que está rodeado de abundancia.

Es una carta positiva y optimista, una luz verde para que siga adelante con cualquier plan. Gracias a la influencia de los signos de tierra —Tauro, Virgo y Capricornio—, indica que se siente estable y bien arraigado. La carta trata también sobre el potencial y la motivación, y le dice que puede manifestar sus objetivos y hacer realidad sus sueños. Tenga en cuenta que la carta no garantiza el éxito; eso solo llegará si se esfuerza por conseguirlo.

Significado de la carta invertida

El as de oros invertido representa falta de planificación o visión financiera. Puede ser señal de que se está arriesgando en temas de dinero o que gasta en exceso. También puede indicar malas inversiones, así que le recuerda que no debe precipitarse a la hora de tomar decisiones sobre su economía hasta contar con la información completa. Por otro lado, la carta puede representar escasez, inestabilidad e inseguridad. Es asimismo señal de que no está concentrando su energía en alcanzar sus objetivos y se está perdiendo oportunidades para manifestarlos.

DOS
de oros

PLANETA REGENTE: Júpiter   **SIGNO DEL ZODIACO:** Capricornio   **ELEMENTO:** Tierra   **SÍ O NO:** Sí   **PALABRAS CLAVE PARA LA CARTA DEL DERECHO:** Múltiples prioridades, decisiones equilibradas, adaptabilidad, gestión del tiempo.   **PALABRAS CLAVE PARA LA CARTA INVERTIDA:** Falta de equilibrio, desorganización, revise sus prioridades, abrumado, estresado.

Significado del derecho

En la baraja de Rider-Waite-Smith, la carta muestra a un joven haciendo juegos malabares con dos monedas. Representa el equilibrio y es señal de que está haciendo malabarismos con demasiadas responsabilidades. Puede indicar que precisa revisar sus responsabilidades y ordenarlas por prioridad, para poder centrarse en lo más importante. Un descanso será beneficioso, sobre todo si siente que el día no tiene suficientes horas para hacerlo todo.

La carta es un recordatorio de que puede realizar varias cosas a la vez, y manejar todo lo que necesita hacer, simbolizado por el signo del infinito que rodea las dos monedas. La regencia de Júpiter trae buena fortuna e indica que usted es organizado y capaz de priorizar sus responsabilidades correctamente. El agua que vemos en la carta simboliza los altibajos que nos encontramos por el camino, pero, como las barcas en el río, puede montar las olas si mantiene su energía centrada en las cosas importantes.

Significado de la carta invertida

El dos de oros invertido indica que se siente abrumado por las responsabilidades, y eso le hace perder el equilibrio. Se siente estresado por haberse comprometido con demasiadas cosas y ahora le resulta imposible lograr todo lo que se había propuesto. Organizar y priorizar sus tareas le ayudará, así como reevaluar sus responsabilidades y objetivos, para saber dónde quiere emplear su tiempo y energía y dónde no. La carta suele aparecer cuando la persona está gastando demasiado dinero.

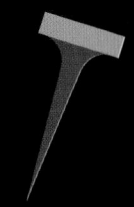

TRES
de oros

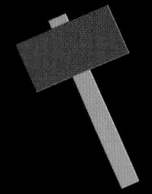

PLANETA REGENTE: Marte   **SIGNO DEL ZODIACO:** Capricornio   **ELEMENTO:** Tierra   **SÍ O NO:** Sí   **PALABRAS CLAVE PARA LA CARTA DEL DERECHO:** Trabajo en equipo, maestría, colaboración, puesta en práctica, aprendizaje.   **PALABRAS CLAVE PARA LA CARTA INVERTIDA:** Trabajar en solitario, falta de armonía, falta de colaboración con otros, desorganización.

Significado del derecho

El tres de oros es la carta del trabajo en equipo. En la baraja de Rider-Waite-Smith, vemos a un albañil trabajando en un rincón de una catedral que está siendo observado por dos arquitectos. Cuando sale esta carta en una lectura, sugiere colaborar con otros en un proyecto o trabajo. Podrán ofrecerle nuevas perspectivas que tal vez no haya tenido en cuenta. Le recuerda que trabajar con otros le ayudará a conseguir cosas mayores que trabajando en solitario.

La carta representa también el aprender y estudiar. Le recuerda que puede aprender del conocimiento de sus compañeros de trabajo, ya que todos tienen sus propios talentos que aportar. La regencia de Marte (en Capricornio) da energía e impulso a cualquier proyecto que esté llevando a cabo. La carta puede sugerir también que se encuentra en las primeras etapas de la puesta en práctica de sus planes de futuro. Considérela como un estímulo, y que aunque esté lejos de completar su proyecto, sí ha construido unos cimientos sólidos para el éxito venidero.

Significado de la carta invertida

El tres de oros invertido representa falta de trabajo en equipo y colaboración. Es señal de que preferiría trabajar usted solo para completar una labor o proyecto. La carta puede sugerir también que no reina la armonía en el grupo con el que trabaja, así que cualquier avance será limitado. La carta indica que está desmotivado, y eso también impide el progreso, porque no pone la energía necesaria para lograr una meta o terminar un proyecto. Si quiere tener éxito, ahora es el momento de organizarse.

PLANETA REGENTE: El Sol   **SIGNO DEL ZODIACO:** Capricornio   **ELEMENTO:** Tierra   **SÍ O NO:** No   **PALABRAS CLAVE PARA LA CARTA DEL DERECHO:** Ahorrar dinero, frugalidad, seguridad, conservadurismo, control.   **PALABRAS CLAVE PARA LA CARTA INVERTIDA:** Gastos excesivos, inseguridad económica, posesividad, generosidad.

Significado del derecho

El cuatro de oros representa su relación con el mundo material y a menudo significa que se está apegando demasiado a cosas como posesiones y dinero. Esto queda simbolizado por la forma posesiva en que la figura de la carta aferra la moneda en su regazo. Bajo sus pies hay otras dos monedas y una cuarta sobre la cabeza, que representan una necesidad de control en su vida, sobre todo en temas de dinero, y ofrecen una visión de la vida centrada en las finanzas.

La regencia del Sol en Capricornio significa que es capaz de concentrarse al máximo para ahorrar dinero. Ahorrar está muy bien, pero la carta sugiere que está siendo tan frugal que se pierde las experiencias más agradables. Le invita a encontrar el equilibrio entre gastar y ahorrar. La forma en que el hombre de la ilustración está sentado refleja su deseo de estabilidad económica, así como su miedo a perder lo que tiene. Es señal de que su propia búsqueda de la seguridad económica podría estar impulsada por el miedo a la pérdida.

Significado de la carta invertida

El cuatro de oros invertido le sugiere que examine la relación que mantiene con el dinero. Se siente económicamente inseguro y, como resultado, gasta demasiado. Indica que gasta más que ahorra y le recuerda que las cosas materiales no necesariamente dan la felicidad. La carta puede indicar que está listo para dejar ir las cosas que ya no sirven a un propósito superior. Asimismo, revela su naturaleza generosa. Simplemente vaya con cuidado de que otros no se aprovechen de ella.

CINCO
de oros

PLANETA REGENTE: Mercurio   **SIGNO DEL ZODIACO:** Tauro   **ELEMENTO:** Tierra
SÍ O NO: No   **PALABRAS CLAVE PARA LA CARTA DEL DERECHO:** Inseguridad, pérdida económica, pobreza, aislamiento. **PALABRAS CLAVE PARA LA CARTA INVERTIDA:** Mejora, recuperarse de una pérdida económica, caridad, pobreza espiritual.

Significado del derecho

El cinco de oros representa la pobreza, las luchas y las dificultades. En la baraja de Rider-Waite-Smith, esto queda simbolizado por la forma en que van vestidas las dos figuras de la carta. Ambas visten ropa sucia y harapienta, caminan descalzas por la nieve y está claro que son pobres. Indica que últimamente la vida le ha resultado difícil, sobre todo en temas de dinero, y es probable que haya experimentado pérdidas materiales o monetarias y que se sienta abrumado por los problemas a los que se enfrenta.

El cinco de oros es señal de que se siente aislado, solo o abandonado en su sufrimiento. Las personas de la carta pasan al lado del vitral de una iglesia, pero están tan absortos en sus propios problemas, que no piensan en entrar a buscar ayuda. Tauro, el planeta que rige la carta, le dice que está buscando seguridad y alivio para su sufrimiento, pero es incapaz de ver la ayuda que hay disponible. Abra los ojos y no tenga miedo de pedir ayuda.

Significado de la carta invertida

El cinco de oros invertido indica que si ha pasado por una etapa difícil, la situación pronto mejorará. Cualquier dificultad a la que se haya tenido que enfrentar finalizará y empezará a recuperar la confianza perdida tras sufrir una pérdida material. La carta es señal de que está empezando a pensar de forma más positiva, aunque podría sentirse espiritualmente vacío, porque ha descuidado esa parte de su vida en favor de las cosas materiales.

SEIS
de oros

PLANETA REGENTE: La Luna   **SIGNO DEL ZODIACO:** Tauro   **ELEMENTO:** Tierra
SÍ O NO: Sí   **PALABRAS CLAVE PARA LA CARTA DEL DERECHO:** Generosidad,
caridad, compartir la riqueza.   **PALABRAS CLAVE PARA LA CARTA INVERTIDA:**
Deudas no saldadas, tacañería, poder y dominación, caridad unilateral.

Significado del derecho

En la baraja de Rider-Waite-Smith, el seis de oros muestra a un hombre rico entregando monedas de oro a dos mendigos arrodillados. Esto simboliza la generosidad y el compartir recursos. Indica que da más que dinero para ayudar a los demás: también su tiempo y energía. Es señal de que tiene una relación equilibrada con el dinero y sabe cómo ayudar económicamente a los necesitados sin gastar más de lo que ingresa. Indica también que alguien se podría aprovechar de su naturaleza generosa, así que es importante que establezca límites saludables.

Si ha pasado una época difícil, esta carta es señal de que hay personas que desean ayudarle; todo lo que necesita hacer es pedirles ayuda. Ábrase para recibir con gratitud el apoyo que precisa, y sienta el gran alivio que esto le produce. La carta aparece también cuando una persona de su entorno está siendo generosa con usted. Tal vez comparta sus conocimientos y su tiempo con usted, o que le ofrezca dinero.

Significado de la carta invertida

El seis de oros invertido simboliza una falta de generosidad y poca disposición a compartir. También puede representar la caridad unilateral: el que da solo da, y el que recibe solo recibe. Puede apuntar a deudas no saldadas, pero si no tiene deudas, puede salir como aviso de no acumularlas ahora, porque esto podría ser un problema en el futuro. El seis de oros invertido puede indicar regalos con condiciones, lo que indica que el donante podría tener un motivo ulterior aparte de la generosidad.

SIETE
de oros

PLANETA REGENTE: Saturno **SIGNO DEL ZODIACO:** Tauro **ELEMENTO:** Tierra
SÍ O NO: Quizás **PALABRAS CLAVE PARA LA CARTA DEL DERECHO:**
Perseverancia, inversión, trabajo duro, diligencia, visión a largo plazo. **PALABRAS CLAVE**
PARA LA CARTA INVERTIDA: Trabajo sin resultados, falta de visión a largo plazo,
distracciones, éxito limitado.

Significado del derecho

El siete de oros representa el esfuerzo y los resultados. En la baraja de Rider-Waite-Smith, la carta muestra a un hombre apoyado en una azada de jardinería, admirando el trabajo realizado. La regencia de Saturno en Tauro le recuerda que el trabajo duro traerá el éxito y, cuando aparece esta carta, es señal de que sus esfuerzos se verán recompensados. Es momento de perseverar y de completar los objetivos, así como de tener una visión a largo plazo de lo que pretende conseguir, y cómo piensa lograrlo. Debe tener una visión de conjunto en lugar de perderse en los detalles.

La expresión del rostro del hombre de la carta es de agotamiento. Está cansado por el gran esfuerzo realizado al cultivar su jardín. Aunque el resultado del trabajo duro y del esfuerzo es el éxito, la carta le recuerda que también tiene que cuidarse, para no seguir agotándose mientras intenta conseguir resultados.

Significado de la carta invertida

El siete de oros invertido indica que se está esforzando mucho pero que no se ven resultados. Es señal de que debe revisar cómo emplea su tiempo, y concentrarse en las cosas que sí darán resultado. Le falta una visión a largo plazo para saber qué quiere lograr, y el resultado de ello es un éxito limitado. La carta puede indicar también que se está impacientando por no ver resultados inmediatos, y podría abandonar precipitadamente sus sueños y sus objetivos. Le recuerda que debe seguir trabajando por las cosas que quiere, porque el esfuerzo se verá recompensado.

OCHO
de oros

PLANETA REGENTE: El Sol **SIGNO DEL ZODIACO:** Virgo **ELEMENTO:** Tierra
SÍ O NO: Sí **PALABRAS CLAVE PARA LA CARTA DEL DERECHO:** Maestría, destreza, desarrollo de habilidades, diligencia, alto nivel, pasión. **PALABRAS CLAVE PARA LA CARTA INVERTIDA:** Falta de inspiración, perfeccionismo, actividad mal dirigida, desmotivación.

Significado del derecho

El ocho de oros muestra a una persona grabando un pentáculo en la última de una serie de ocho monedas, representando la destreza y la maestría. Casi están acabadas, lo que simboliza que usted ha completado algo en lo que estaba trabajando. La regencia del Sol en Virgo muestra la importancia de la concentración, del trabajo duro y de la pasión a la hora de alcanzar los objetivos. Debe estar dispuesto a aplicarse y a prestar atención a los detalles más pequeños para garantizar el éxito.

La carta indica que es momento de aprender algo nuevo mediante la educación, el estudio o la práctica de algo hasta dominarlo. Esto no ocurre de la noche al día, pero con dedicación puede desarrollar nuevas habilidades y mejorar las ya existentes para acercarse a sus objetivos. A veces siente que no avanza, pero persevere y siga haciendo lo que ya hace. La carta apunta a un nivel alto y le recuerda que debe intentar esforzarse para sacar lo mejor de sí mismo.

Significado de la carta invertida

El ocho de oros invertido representa falta de motivación, pereza y negligencia. No se sienta tentado a completar un trabajo a toda prisa si se nota frustrado. En lugar de ello, examine sus objetivos y la mejor forma de alcanzarlos, asegurándose de que se concentra en aquello que le motivará a seguir adelante. Es señal de que solo se concentra en algunas cosas de la vida y que descuida otras. También indica que es un perfeccionista y que se pierde en los detalles más nimios, hasta el punto de perder de vista el panorama general.

NUEVE
de oros

PLANETA REGENTE: Venus   **SIGNO DEL ZODIACO:** Virgo   **ELEMENTO:** Tierra
SÍ O NO: Sí   **PALABRAS CLAVE PARA LA CARTA DEL DERECHO:** Abundancia, lujo, los frutos del trabajo, recompensas por el trabajo duro, independencia económica.
PALABRAS CLAVE PARA LA CARTA INVERTIDA: Obsesión por el trabajo, vivir más allá de sus medios, apresuramiento, reveses.

Significado del derecho

En la baraja de Rider-Waite-Smith, la carta del nueve de oros muestra a una mujer ricamente ataviada de pie en un jardín lleno de vides y de monedas de oro. Esto simboliza la abundancia y la prosperidad en todos los ámbitos de la vida, incluyendo sus relaciones gracias a la regencia de Venus en Virgo. Ha llegado al punto en que su esfuerzo da sus frutos y le ayuda a crear una estabilidad e independencia económica. Ha recorrido un largo trecho, así que disfrute de los frutos de su trabajo y recompénsese por una labor bien hecha.

Si últimamente ha tenido dificultades con el dinero o las relaciones, la carta le promete que llegan cosas mejores. En el ejemplo de la Rider-Waite-Smith, vemos en la distancia la casa que pertenece a la mujer, otro símbolo más de la prosperidad que representa la carta. Nos recuerda que la abundancia no se trata solo de la cantidad de dinero que tenga, sino de su perspectiva. Intente apreciar las cosas buenas de su vida para cultivar una mentalidad de mayor abundancia.

Significado de la carta invertida

El nueve de oros invertido representa una falta de independencia y estabilidad económica. Puede indicar que está viviendo más allá de sus medios, gastando imprudentemente para aparentar una seguridad económica, aunque solo sea de modo superficial. La carta le recuerda que la riqueza y las posesiones materiales no le traerán la felicidad verdadera. La carta aparece cuando ha estado trabajando demasiado en una esfera de su vida, descuidando el resto. Puede ser también señal de que está obsesionado con el trabajo y que no se permite un tiempo para disfrutar de todo lo que ha conseguido.

DIEZ
de oros

PLANETA REGENTE: Mercurio   **SIGNO DEL ZODIACO:** Virgo   **ELEMENTO:** Tierra
SÍ O NO: Sí   **PALABRAS CLAVE PARA LA CARTA DEL DERECHO:** Riqueza, seguridad económica, legado, herencia, éxito a largo plazo, familia.   **PALABRAS CLAVE PARA LA CARTA INVERTIDA:** Pérdida o fracaso económico, falta de estabilidad, falta de recursos.

Significado del derecho

El diez de oros de la baraja de Rider-Waite-Smith muestra a un anciano sentado con dos fieles perros a sus pies, observando a su familia desde una sala ricamente decorada; todo ello simboliza la estabilidad económica. A lo largo de su vida ha acumulado una gran riqueza que ahora comparte con sus seres más queridos. El planeta regente Mercurio (en Virgo) indica que el hombre usó su intelecto y su mente metódica y organizada para ir generando su riqueza, y le invita a que usted haga lo mismo. Le traerá el tipo de abundancia y prosperidad que se puede transmitir a otras generaciones.

Cuando aparece esta carta, representa una estabilidad económica a largo plazo que procede de algún familiar. Puede simbolizar una herencia y el dejar un legado. Es hora de pensar en su futuro económico para un éxito futuro duradero. Es señal de que disfruta de felicidad y seguridad en todos los ámbitos de la vida y representa la armonía doméstica y el regreso a las raíces, algo que ahora le puede hacer sentir muy cercano a ciertos miembros de su familia.

Significado de la carta invertida

El diez de oros invertido representa inseguridad, inestabilidad y pérdida económicas. Es señal de que se centra demasiado en el éxito a corto plazo, en lugar de crear un futuro a largo plazo económicamente seguro. Cuando aparece esta carta, puede simbolizar inquietud y conflicto familiar sobre temas económicos. Podría sentirse más distante de su familia, u obligado a estar presente en un acontecimiento familiar al que no desea asistir. También puede ser señal de que ha descuidado a su familia, así que aproveche esta oportunidad para reconectar.

PAJE
de oros

PLANETAS REGENTES: Mercurio y Venus   **SIGNOS DEL ZODIACO:** Virgo y Tauro
ELEMENTOS: Tierra y Tierra   **SÍ O NO:** Sí   **PALABRAS CLAVE PARA LA CARTA
DEL DERECHO:** Ambición, deseos, oportunidad económica, desarrollo de habilidades,
manifestación.   **PALABRAS CLAVE PARA LA CARTA INVERTIDA:** Codicia,
falta de compromiso, falta de avance, aprender del fracaso.

Significado del derecho

El paje de oros de la baraja de Rider-Waite-Smith muestra a un joven de pie en un campo, sosteniendo una moneda. Simboliza los nuevos comientos con relación a las finanzas. En la distancia, los campos labrados representan la abundancia. El paje tiene los pies sobre la tierra firme, indicando que está arraigado en la naturaleza. Es una invitación a canalizar la doble energía de tierra de Venus en Tauro y de Mercurio en Virgo mediante prácticas de arraigo y meditación, sobre todo si últimamente siente que ha perdido el equilibrio.

La carta trae nuevas oportunidades relativas al mundo material. Podría tratarse de un nuevo trabajo o proyecto, el inicio de un estudio o un dinero que le llega. Cuando surgen estas oportunidades, la carta está allí para recordarle que las aproveche para ir tejiendo un éxito futuro a largo plazo. Por el camino adquirirá nuevas habilidades e irá desarrollando las que ya tiene. La carta indica que posee la ambición, la determinación y la motivación para alcanzar sus objetivos, así que sea paciente.

Significado de la carta invertida

El paje de oros invertido representa una falta de avance y de concentración. No avanza por causa de sus malas decisiones y por la falta de acción. Sin una estrategia clara de cómo piensa alcanzar sus metas, no conseguirá nada tangible. La carta indica que la dilación, la pereza y la falta de compromiso pueden ser factores que impiden su avance. La carta le invita a aprender de sus errores pasados para ir hacia adelante, en lugar de que estos le hagan retroceder.

CABALLERO
de oros

PLANETAS REGENTES: El Sol y Saturno   **SIGNOS DEL ZODIACO:** Leo y Capricornio
ELEMENTOS: Fuego y Tierra   **SÍ O NO:** Sí   **PALABRAS CLAVE PARA LA CARTA
DEL DERECHO:** Trabajo duro, productividad, responsabilidad, rutina, eficacia, tareas repetitivas.
PALABRAS CLAVE PARA LA CARTA INVERTIDA: Obsesión, sentirse estancado,
trabajo sin recompensa, autodisciplina.

Significado del derecho

El caballero de oros representa el trabajo duro, la responsabilidad y la productividad. La carta muestra a un caballero con armadura sentado sobre un caballo negro inmóvil sosteniendo una moneda de oro. Le recuerda que con determinación y perseverancia puede conseguir sus objetivos. Puede que incluso descubra que seguir un programa es una buena forma de ir alcanzando metódicamente sus sueños.

En una lectura, la carta indica que debe enfocar las cosas de un modo más conservador. También puede representar aspectos de la vida más mundanos, como completar tareas repetitivas u obligaciones. Recuerda que no debe precipitarse, porque esta carta representa la importancia de tener paciencia y de usarla para tomar decisiones. Debe estar dispuesto a realizar el trabajo duro para alcanzar sus objetivos, aun cuando este le parezca aburrido.

Significado de la carta invertida

El caballero de oros invertido representa falta de responsabilidad y de sentido común, y la necesidad de autodisciplina para poder manifestar sus sueños. Sugiere que desea avanzar hacia sus objetivos, pero no está dispuesto a trabajar lo que haga falta para conseguirlos. Puesto que esta carta trata sobre los aspectos mundanos de la vida, a menudo aburridos, invertida puede significar que se siente atrapado en una rutina monótona. También puede indicar que está muy centrado, incluso obsesionado, en su trabajo a expensas de otras esferas de la vida. Es hora de intentar alcanzar y mantener un buen equilibrio entre el trabajo y la vida.

REINA
de oros

PLANETAS REGENTES: Venus y Júpiter · **SIGNOS DEL ZODIACO:** Tauro y Piscis · **ELEMENTOS:** Tierra y Agua · **SÍ O NO:** Sí · **PALABRAS CLAVE PARA LA CARTA DEL DERECHO:** Sentido práctico, nutrición, seguridad, provisión económica, comodidades, padre o madre que trabaja. · **PALABRAS CLAVE PARA LA CARTA INVERTIDA:** Asfixia, falta de propósito, celos, egoísmo.

Significado del derecho

La reina de oros representa la seguridad material, personificada por la reina sentada en un trono tallado con intrincados símbolos de prosperidad y abundancia, como árboles frutales y flores. Esta conexión con la riqueza material y el éxito se observa también en el cuidado con el que la reina sostiene la moneda de oro. Representa la independencia económica así como el ser el sostén económico. Cuando aparece esta carta, es señal de que no debe contar a nadie los detalles sobre sus finanzas.

La reina de oros indica un sentido práctico y es señal de abordar los temas con una mentalidad sensata, usando el sentido común para alcanzar con éxito sus objetivos. Puede representar a alguien que cuida y nutre, como la madre arquetípica. Gracias al planeta regente de Venus (en Tauro), la carta indica que le gustan las comodidades y que tiene un carácter realista, aunque le agrada disfrutar de las buenas cosas de la vida y puede tener un estatus social alto.

Significado de la carta invertida

La reina de oros invertida representa no tener el control. Simboliza también una falta de propósito y puede indicar que últimamente ha estado luchando para encontrar su propósito y dirección en la vida. Su enfoque desorganizado, y en ocasiones perezoso, ante la vida significa que le cuesta conseguir sus objetivos. Esta carta puede representar a alguien que se ha vuelto demasiado materialista, egocéntrico y poco práctico, y que como resultado lleva una vida caótica. La carta puede ser también señal de manipulación, celos y egoísmo.

REY
de oros

PLANETAS REGENTES: Venus y Saturno **SIGNOS DEL ZODIACO:** Tauro y Acuario
ELEMENTOS: Tierra y Aire **SÍ O NO:** Sí **PALABRAS CLAVE PARA LA CARTA DEL DERECHO:** Abundancia, prosperidad, proveedor, liderazgo, riqueza, disciplina, seguridad.
PALABRAS CLAVE PARA LA CARTA INVERTIDA: Codicia, exceso, obsesionado con el estatus y la riqueza, inepto para las finanzas, complacencia.

Significado del derecho

El rey de oros representa el trabajo duro, la riqueza material y el éxito. En la baraja de Rider-Waite-Smith, el rey está sentado en un trono decorado con toros que representan el signo de Tauro, uno de los asociados con la carta. El trono está cubierto de vides para simbolizar la abundancia, la prosperidad y la riqueza, y señala que debe tener autodisciplina a la hora de administrar su dinero para conseguir el éxito a largo plazo. Asimismo, el rey tiene los pies firmemente plantados en la tierra, lo que le recuerda que debe permanecer arraigado cuando se trata de su economía.

El rey de oros es un protector y proveedor que trabaja duro. Aunque la carta representa la figura paterna arquetípica, puede indicar una persona de cualquier género, de fiar y dedicada a alcanzar sus objetivos. El castillo que se ve tras el rey en la baraja de Rider-Waite-Smith es símbolo de lo que su dedicación y compromiso pueden traerle, en términos de seguridad material, si sigue esforzándose.

Significado de la carta invertida

El rey de oros invertido representa perder el control. Sugiere que puede estar corriendo riesgos monetarios, tomando malas decisiones y gestionando mal su dinero. La carta le pide que examine su relación con este porque también significa codicia y exceso. Puede que esté tan obsesionado con el dinero o la condición social, que los prioriza antes que a las personas de su entorno. Cuando aparece esta carta indica que experimenta dificultades para lograr sus objetivos porque carece de un plan definido, o bien que últimamente ha sido un poco descuidado.

PALO DE ESPADAS

AS
de espadas

PLANETA REGENTE: Venus   **SIGNOS DEL ZODIACO:** Géminis, Libra y Acuario
ELEMENTO: Aire   **SÍ O NO:** Sí   **PALABRAS CLAVE PARA LA CARTA DEL
DERECHO:** Avance importante, nuevas ideas, claridad mental, mente ágil.   **PALABRAS
CLAVE PARA LA CARTA INVERTIDA:** Falta de claridad mental, confusión,
repensar una idea, juicio obnubilado, derrota.

Significado del derecho

El as de espadas representa nuevos comienzos y nuevas ideas. La carta muestra una mano saliendo de una nube y sosteniendo una espada alzada. Esto simboliza el intelecto y la mente. Es señal de que puede experimentar un avance importante en sus ideas que se podría manifestar como una forma diferente de pensar y ver las cosas. Con las energías de los signos de aire Géminis, Libra y Acuario, podría aparecer una revelación súbita que le permita adelantar y dejar atrás cualquier dificultad.

Cuando aparece esta carta, es hora de mantener la cabeza y los pensamientos claros para poder concentrarse. Es muy buen momento para trabajar sobre sus objetivos. La vegetación que adorna la corona de la carta representa la victoria y el éxito, indicándole que es el momento ideal para seguir adelante con sus planes o incluso iniciar un nuevo proyecto, porque tiene muchas posibilidades de éxito.

Lo que necesita ahora es trabajar duro y seguir adelante de una forma bien planificada.

Significado de la carta invertida

El as de espadas invertido representa una falta de nuevas ideas y la derrota. Por el momento carece de la agudeza mental necesaria para superar los obstáculos, y por ello puede sentirse frustrado y confuso. También puede indicar un juicio obnubilado, lo que dificulta la toma de decisiones. Indica que puede que tenga que pensar de nuevo en una idea que haya tenido, porque las cosas no avanzan ni funcionan como quería.

Significado del derecho

El dos de espadas, que muestra a una mujer sosteniendo dos espadas cruzadas, representa las decisiones y el sopesar las opciones. En la carta, la mujer tiene los ojos vendados para simbolizar que la elección a la que se enfrenta no es fácil y que existe información oculta que podría influir sobre su decisión. Las dos espadas cruzadas están en perfecto equilibrio, un recordatorio para sopesar los pros y los contras sobre cualquier decisión a tomar. Dese un tiempo para reunir toda la información posible para poder tomar la decisión. La Luna en Libra le sugiere que confíe en su intuición.

Cuando sale esta carta en una lectura, puede indicar que ha llegado a un punto muerto. Las espadas cruzadas indican también que ha llegado a una encrucijada. Puede que se sienta estancado en medio de algo, ya se trate de un tema o una situación, o bien estar dividido entre dos personas. También podría ser que no quiera reconocer la necesidad de tomar una decisión.

Significado de la carta invertida

El dos de espadas invertido representa indecisión. Se siente ansioso, estresado y sobrecargado de información, lo que no hace más que empeorar su indecisión. Es señal de que debe tomar una decisión, pero está estancado entre dos malas opciones, con resultados igualmente negativos, lo que convierte la decisión en algo mucho más difícil. Las demoras, la confusión y la agitación que trae esta carta tampoco ayudan. Debe encontrar el menor entre dos males para salir lo más airoso posible de una mala situación. Esta carta le sugiere que no deje que las opiniones de los demás le alejen de su camino.

TRES
de espadas

PLANETA REGENTE: Saturno   **SIGNO DEL ZODIACO:** Libra   **ELEMENTO:** Aire
SÍ O NO: No   **PALABRAS CLAVE PARA LA CARTA DEL DERECHO:** Corazón roto,
dolor emocional, trastorno, pena, dolor, herida.   **PALABRAS CLAVE PARA LA CARTA
INVERTIDA:** Recuperación, perdón, liberar el dolor, seguir adelante, optimismo.

Significado del derecho

El tres de espadas representa una inesperada
y repentina decepción, un trastorno emocional y
un corazón roto. La carta muestra un corazón
atravesado por tres espadas. Estas heridas simbolizan el dolor emocional que alguien le ha
infligido. Puede ser señal de que una persona
cercana le ha traicionado, o que ha pasado por
un periodo traumático. Es posible que haya
sufrido una pérdida que le ha afectado profundamente. La carta le recuerda que debe darse un
tiempo para pasar el duelo y expresar su pena y
su dolor. No tenga prisa, todos procesamos las
cosas a un ritmo diferente. Cuando aparece esta
carta, puede indicar también depresión, soledad
y aislamiento.

Por ser una carta de los arcanos menores,
es bueno saber que los efectos de la carta son
solo temporales. Desde una perspectiva más
positiva, nos recuerda que todos pasamos por
épocas difíciles, pero es gracias a estas experiencias que aprendemos. Saturno (en Libra), el
planeta regente de la carta, nos recuerda que
nada en esta vida, ni tan solo el dolor emocional,
dura para siempre.

Significado de la carta invertida

El tres de espadas invertido representa superar
el dolor y la pena. Se está recuperando de un
periodo de trauma emocional y está liberando el
dolor, la angustia y la tristeza que le ha causado.
Sea lo que sea lo que haya ocurrido, la carta
indica que lo peor ya ha pasado y que ahora
sigue adelante, con más fuerza después de la
experiencia. Ya no deja que la negatividad le
venza, en especial la autocrítica, y se siente más
optimista. Cuando aparece esta carta, es tiempo
de perdonar y reconciliarse.

CUATRO
de espadas

PLANETA REGENTE: Júpiter   **SIGNO DEL ZODIACO:** Libra   **ELEMENTO:** Aire
SÍ O NO: Quizás   **PALABRAS CLAVE PARA LA CARTA DEL DERECHO:** Descanso,
relajación, contemplación, recuperación, restablecimiento.   **PALABRAS CLAVE PARA LA
CARTA INVERTIDA:** Agotamiento, desgaste, inquietud, contemplación, reflexión.

Significado del derecho

El cuatro de espadas representa un periodo de desconexión. Muestra a un caballero con armadura descansando en su tumba, con las manos juntas, como si estuviera rezando. Simboliza el descanso y la relajación, e indica que debe encontrar la calma y la paz interior necesarias. El ajetreo de la vida cotidiana le está pesando. Se siente ansioso y abrumado, y debe hacer un espacio para poder recuperarse, recargas las pilas y restablecerse física, mental y espiritualmente. El signo de Libra apunta a la necesidad de traer más equilibrio a su vida.

La carta simboliza la contemplación y la reflexión. Es buen momento para repasar sus prioridades y pensar hacia dónde quiere dirigir sus energías. En el santuario que crea para usted mismo, deje el miedo y el estrés en la puerta para poder evaluar de forma lógica dónde se encuentra y cómo tiene pensado seguir adelante.

Significado de la carta invertida

El cuatro de espadas invertido representa el agotamiento y la inquietud. La carta aparece en una lectura cuando se encuentra al borde de una crisis porque ha estado trabajando increíblemente duro y, como resultado, su nivel de estrés y de ansiedad no hace más que aumentar. Tómeselo como un aviso para cuidarse mejor, para evitar el colapso y un agotamiento total; es importante permitirse un tiempo para descansar. El cuatro de espadas al revés puede representar también un despertar y un ir acumulando fuerza interior que le ayudará a sanar y a recuperarse del estrés y la ansiedad.

CINCO
de espadas

PLANETA REGENTE: Venus **SIGNO DEL ZODIACO:** Acuario **ELEMENTO:** Aire
SÍ O NO: No **PALABRAS CLAVE PARA LA CARTA DEL DERECHO:** Conflicto,
competencia, derrota, desacuerdos, ganar a toda costa. **PALABRAS CLAVE PARA
LA CARTA INVERTIDA:** Reconciliaciones, resentimientos que perduran, enmendar.

Significado del derecho

Como todos los cinco de la baraja del tarot, el cinco de espadas representa conflicto que trae preocupación y tensión. En la baraja de Rider-Waite-Smith, la carta muestra a un hombre sosteniendo tres espadas y se ven dos más en el suelo, simbolizando que ha habido una lucha que ha acabado en derrota. El hombre mira por encima del hombro hacia dos figuras derrotadas que se alejan. Esto simboliza la agresión, la hostilidad, y puede indicar una grave animadversión. Venus en Acuario puede producir un desapego que hace más difícil abordar la cuestión.

Si últimamente se ha visto envuelto en algún desacuerdo, tal vez haya ganado, pero como consecuencia también habrá perdido mucho. Puede significar que la relación con la persona o personas con las que discutió ha quedado dañada y que el impacto de lo ocurrido durará más tiempo que el desacuerdo original. La carta le recuerda que la actitud de ganar a toda costa trae problemas a una relación.

Significado de la carta invertida

El cinco de espadas invertido representa la reconciliación y el fin del conflicto. Puede ser una invitación a disculparse por su parte en un desacuerdo, para enmendarlo, y que esto ayude a sanar cualquier desavenencia, así como a soltar el estrés que lleva encima. La carta apunta también a un compromiso y a una resolución de cualquier conflicto para que, si guarda algún rencor, lo pueda liberar. Esto resulta difícil, así que la carta puede representar también un resentimiento que perdura, hasta el punto que se convierte en un sentimiento de venganza. Recuerde: ganar no lo es todo.

SEIS
de espadas

PLANETA REGENTE: Mercurio   **SIGNO DEL ZODIACO:** Acuario   **ELEMENTO:** Aire
SÍ O NO: Quizás   **PALABRAS CLAVE PARA LA CARTA DEL DERECHO:** Transición, cambio, seguir adelante, dejar algo atrás, soltar lastre.   **PALABRAS CLAVE PARA LA CARTA INVERTIDA:** Lastre emocional, temas pendientes, resistencia al cambio.

Significado del derecho

El seis de espadas representa transición. En la baraja de Rider-Waite-Smith, se ve a una mujer y a un niño en un bote con un joven remando. Todos miran adelante, hacia el lugar adonde se dirigen, lo que simboliza dejar algo atrás. Puede que haya sido algo traumático, pero la buena noticia es que su vida está cambiando para bien, puesto que esta carta indica el seguir adelante, la superación de las dificultades y el alivio. Este cambio es por su bien.

En la carta vemos seis espadas frente a la mujer y el niño de la barca, lo que sugiere que se lleva a las espaldas un lastre emocional del pasado. Es una invitación para soltarlo, para no llevarlo al futuro y de este modo poder sanar y seguir adelante. Mercurio en Acuario, el planeta y el signo asociados con esta carta, nos ayudan a ver las cosas como son y a saber qué es lo que debemos soltar.

Significado de la carta invertida

El seis de espadas invertido es señal de que se está resistiendo a la corriente del cambio. Está estancado en el pasado y es incapaz de soltar el lastre emocional que lleva encima. Pasa demasiado tiempo mirando hacia atrás en lugar de vivir el presente y mirar hacia el futuro. Cualquier tema no resuelto podría ser un peso para usted, y esto hace más difícil soltarlo. Esta transición es inevitable, tanto si se resiste a ella como si no, pero parece que usted está haciendo todo lo que puede para evitarla o incluso huir de ella. Hasta puede creer que le están imponiendo el cambio.

SIETE
de espadas

PLANETA REGENTE: La Luna **SIGNO DEL ZODIACO:** Acuario **ELEMENTO:** Air
SÍ O NO: No **PALABRAS CLAVE PARA LA CARTA DEL DERECHO:** Decepción, traición, tácticas, salirse con la suya. **PALABRAS CLAVE PARA LA CARTA INVERTIDA:** Replantear el enfoque, sincerarse, síndrome del impostor.

Significado del derecho

El siete de espadas representa la falta de honradez y el engaño. En la carta, un hombre sostiene cinco espadas en los brazos y se aleja a hurtadillas de un campamento. Quedan dos espadas atrás, y el individuo mira por encima del hombro hacia lo que ha dejado atrás, claramente orgulloso de haberse podido escapar sin ser visto. La carta indica una conducta arriesgada y peligrosa. Esto simboliza que usted u otra persona está siendo engañoso e intenta salirse con la suya, confiando en no ser descubierto. Estas acciones muestran falta de conciencia y que no se tiene en cuenta los sentimientos de los demás.

Esta carta puede ser una advertencia para vigilar lo que otros traman a sus espaldas, ya que podrían estar intentando manipular sus acciones y pensamientos en su propio beneficio. También puede ser señal de que es usted el que manipula a otros, y la carta le recuerda que debe escuchar a su conciencia.

Significado de la carta invertida

La carta del siete de espadas invertida representa su conciencia y el sincerarse sobre algo que ha hecho y de lo que no se siente orgulloso. Es señal que debe replantearse su enfoque, en especial si ha reconocido comportamientos negativos en su interior. Puede que sienta que su conciencia le está empujando a ser sincero y revelar la verdad, y aunque confesar nunca es fácil, le ayudará a enmendarse y a hacer borrón y cuenta nueva.

La carta también representa el hecho de mantener cosas en secreto, así como aquellas personas que mienten o engañan y cuya presencia resulta tóxica.

OCHO
de espadas

PLANETA REGENTE: Júpiter **SIGNO DEL ZODIACO:** Géminis **ELEMENTO:** Aire
SÍ O NO: No **PALABRAS CLAVE PARA LA CARTA DEL DERECHO:** Restricción, restricciones autoimpuestas, impotencia, pensamiento negativo. **PALABRAS CLAVE PARA LA CARTA INVERTIDA:** Empoderamiento, libertad, asumir el control, liberación.

Significado del derecho

El ocho de espadas representa el hecho de sentirse limitado por sus circunstancias. La carta muestra a una mujer atada y con los ojos vendados, atrapada entre ocho espadas. A primera vista parece aprisionada, pero si se sacara la venda de los ojos y retirara sus ataduras, podría escapar de la situación. Esto le simboliza a usted, y la venda son sus creencias limitadoras y su pensamiento negativo, que le mantiene atado a sus circunstancias actuales. Júpiter en Géminis puede empeorar las cosas al hacer que piense demasiado. Estas restricciones autoimpuestas impiden su crecimiento y su avance, paralizándolo emocionalmente con ansiedad y temor.

La carta es una invitación a romper el ciclo y a asumir de nuevo el control liberándose de todo lo que le retiene. Es un recordatorio de que siempre existe una manera de salvar los obstáculos que se encuentran en el camino. Puede que se sienta incapaz de superar los retos, ¡pero lo importante es recordar que no carece del poder!

Significado de la carta invertida

El ocho de espadas invertido representa tomar de nuevo el control. Ha estado sometido a mucha presión y esta carta es una señal de que esta presión se liberará y que podrá respirar aliviado. Es momento de empoderarse, de ser libre y de escapar de circunstancias difíciles. Es una indicación de que se siente mentalmente fuerte y listo para enfrentarse y superar los obstáculos que le impiden avanzar. Se siente más positivo sobre sí mismo y capaz de abandonar el pensamiento negativo y las creencias limitadoras que le frenan.

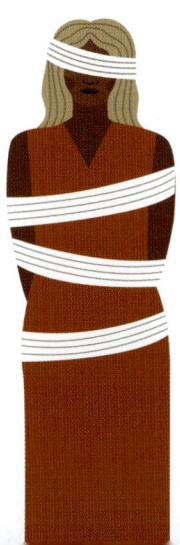

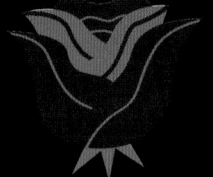

NUEVE
de espadas

PLANETA REGENTE: Marte   **SIGNO DEL ZODIACO:** Géminis
ELEMENTO: Aire   **SÍ O NO:** No   **PALABRAS CLAVE PARA LA CARTA DEL**
DERECHO: Ansiedad, preocupación, miedo, desesperanza, pesadillas, depresión, punto de crisis.
PALABRAS CLAVE PARA LA CARTA INVERTIDA: Pedir ayuda, aprender a sobrellevar la
situación, soltar la preocupación, restablecimiento, culpabilidad, vergüenza.

Significado del derecho

El nueve de espadas representa la ansiedad, la preocupación y el miedo. La carta muestra a una mujer incorporada en la cama sujetándose la cabeza entre las manos, lo que sugiere que ha despertado de una pesadilla. Las nueve espadas sobre la mujer simbolizan lo destructivos que pueden ser los pensamientos y es señal de que le están afectando profundamente los pensamientos negativos. No ayuda que Marte en Géminis le provoque inquietud.

Se siente abrumado por todo lo que está ocurriendo en su vida en estos momentos, y eso lo ha llevado al borde de una crisis. La carta puede indicar también depresión e insomnio. Si esto le suena, no tema buscar ayuda. Aislarse solo empeorará la sensación de impotencia. Cuando aparece esta carta en una lectura, indica que las cosas no son tan malas como cree, pero que su nivel de ansiedad es muy elevado. Recuerde que siempre existe una forma de superar la situación en la que se encuentra y de dejar a un lado los pensamientos negativos.

Significado de la carta invertida

La carta del nueve de espadas invertida representa el restablecimiento y la liberación de la preocupación y la ansiedad que le han estado atenazando. En una lectura, la carta puede indicar esperanza después de una época difícil. Tal vez las cosas sean difíciles, pero mejorarán porque está aprendiendo a tratar con sus pensamientos negativos. La carta puede significar también que la depresión, la ansiedad y el miedo que ha estado sintiendo están empeorando. Esto genera otros sentimientos como culpabilidad y vergüenza. No tenga miedo de pedir ayuda y dejar que le apoyen; no tiene por qué luchar en solitario.

DIEZ
de espadas

PLANETA REGENTE: El Sol   **SIGNO DEL ZODIACO:** Géminis   **ELEMENTO:** Aire
SÍ O NO: No   **PALABRAS CLAVE PARA LA CARTA DEL DERECHO:** Fracaso, colapso,
finales dolorosos, derrota, traición, ruina, callejón sin salida.   **PALABRAS CLAVE PARA
LA CARTA INVERTIDA:** Mejora, lecciones aprendidas de dificultades pasadas,
restablecimiento, desesperanza, recaída.

Significado del derecho

El diez de espadas representa la derrota y el fracaso. La carta muestra a un hombre tendido boca abajo con diez espadas clavadas en la espalda, lo que significa traición; es señal de guardarse las espaldas. Podría ser que alguien que conoce está dispuesto a apuñalarle por la espalda y traicionarle. Esta carta indica finales dolorosos, cortar lazos, tocar fondo y llegar a un callejón sin salida. También puede sugerir agotamiento, o incluso enfermedades como fatiga crónica y crisis nerviosas. Debido a Géminis, el signo asociado con la carta, puede que tenga que combatir ataques de ansiedad.

Cuando aparece esta carta en una lectura, es señal de que ha ocurrido algo inesperado que le ha dejado traumatizado. Le recuerda que no puede controlar siempre todos los aspectos de la vida. La carta puede indicar también que está asumiendo el papel de víctima pensando que esto le ayudará a pasar la crisis.

Significado de la carta invertida

El diez de espadas invertido representa la luz al final del túnel. Las cosas mejoran y usted se recupera, porque lo peor ya ha pasado. Aunque no sienta que las cosas mejoran, por lo menos está sobreviviendo a esta época difícil. Las malas épocas tienen mucho que enseñarnos, y esta carta es señal de que está aprendiendo las lecciones de dificultades pasadas, y eso le ayuda a tirar adelante. Por otro lado, la carta puede simbolizar una derrota total, la recaída o el rechazo al final inevitable porque tiene miedo de lo que esto podría suponer.

PAJE
de espadas

PLANETAS REGENTES: Saturno y Mercurio   **SIGNOS DEL ZODIACO:** Capricornio y Géminis   **ELEMENTOS:** Tierra y Aire   **SÍ O NO:** Sí   **PALABRAS CLAVE PARA LA CARTA DEL DERECHO:** Nuevas ideas, curiosidad, energía mental, sed de conocimiento, comunicación, inspiración.   **PALABRAS CLAVE PARA LA CARTA INVERTIDA:** Mucho hablar y no hacer nada, cinismo, manipulación, apresuramiento, insulto.

Significado del derecho

El paje de espadas se asocia con nuevas ideas, inspiración y energía apasionada, y puede indicar que algo se encuentra en la fase de planificación. La carta muestra a una joven apuntando la espada que sostiene hacia el cielo. Esto simboliza la sed de conocimiento, de aprender y de conseguir, y se asocia con una mente ágil e inquisitiva. Está lleno de nuevas ideas, pero como la carta se asocia con un signo de tierra (Capricornio) y otro de aire (Géminis), le recuerda que para lograr el éxito antes debe arraigar sus ideas en la realidad.

Gracias a su regente Mercurio, el modo en que se comunica es importante y representa una advertencia de pensar antes de hablar. Aunque su forma directa de expresarse permite que las personas sepan a qué atenerse, a veces se pasa de la raya y dice cosas sin pensar en el impacto que esto puede suponer para los demás. También evitará que se vea envuelto en discusiones o conflictos innecesarios.

Significado de la carta invertida

El paje de espadas invertido representa una falta de ideas y de planificación. Se está precipitando y no piensa en sus acciones antes de actuar. Debe organizarse y planificar cómo proceder para tener éxito y alcanzar sus objetivos. Esta carta indica que su mala comunicación le está frenando. Le sugiere que observe el modo en que habla a las personas de su entorno. Sus palabras pueden sonar bruscas y groseras, aunque crea que está siendo sincero y, por tanto, actuando bien. La carta también puede representar el cinismo, la manipulación, el engaño y los juegos mentales.

CABALLERO
de espadas

PLANETAS REGENTES: Marte y Saturno   **SIGNOS DEL ZODIACO:** Aries y Acuario
ELEMENTOS: Fuego y Aire   **SÍ O NO:** Sí   **PALABRAS CLAVE PARA LA CARTA
DEL DERECHO:** Acción, cambio, impulsividad, motivación para triunfar, pensamiento
rápido, concentración.   **PALABRAS CLAVE PARA LA CARTA INVERTIDA:** Falta de
concentración, desprecio por las consecuencias, grosería, agresividad, arrogancia, falta de tacto.

Significado del derecho

El caballero de espadas representa la valentía,
la acción y el valor. La carta muestra a un caballero con armadura cabalgando sobre un caballo
blanco que avanza rápidamente, lo que sugiere
una gran energía y el impulso que se asocia con
ella. Esto indica que tiene la mente concentrada
en sus objetivos. Está muy motivado y, gracias a
Saturno en Acuario, es ambicioso y tiene ganas
de alcanzar con éxito sus objetivos.

La carta avisa del cambio que se avecina.
Es momento de aprovechar la oportunidad; ha
estado esperando este cambio desde hace tiempo,
aunque no es momento de ser impulsivo. Sea
asertivo en su expresión y use su ingenio y su
agilidad mental para atrapar las oportunidades
al vuelo y aprovecharlas. Recuerde que el cambio no siempre es fácil; sin embargo, cuando
aparece esta carta en una lectura, es señal de que
debe tener la confianza y la fuerza para avanzar,
independientemente de la incomodidad que esto
genere. Es la única forma de alcanzar su potencial más elevado.

Significado de la carta invertida

El caballero de espadas invertido representa
impaciencia, impulsividad y falta de enfoque.
Posee gran energía, pero esta carece de dirección,
y por ello tiene dificultades en conseguir sus
objetivos. La carta puede apuntar también a
alguien que suele ser grosero y poco diplomáti-
co, y a quien no le importan las consecuencias
de sus palabras. Sea consciente de lo que dice y
de cómo lo dice para no herir a nadie. Puede ser
también señal de agresividad y arrogancia.

REINA
de espadas

PLANETAS REGENTES: Marte y Venus   **SIGNOS DEL ZODIACO:** Escorpio y Libra
ELEMENTOS: Agua y Aire   **SÍ O NO:** Sí   **PALABRAS CLAVE PARA LA CARTA
DEL DERECHO:** Perceptivo, imparcialidad, independencia, honradez, juicio imparcial, mente clara, constructivo.   **PALABRAS CLAVE PARA LA CARTA INVERTIDA:** Insensible, amargura, defensiva, dureza, engaño, implacable.

Significado del derecho

La reina de espadas representa a alguien (a menudo una mujer madura) honrado, justo y que juzga de forma imparcial. En la baraja de Rider-Waite-Smith, la reina está sentada en un trono de piedra decorado con querubines y mariposas, que representan su lado más amable y la transformación. Sostiene una espada alzada, que es el deseo de encontrar la verdad en cualquier situación.

Esta carta es símbolo de independencia, pero también de la compasión que se obtiene mediante el sufrimiento personal. Representa a una persona que estará allí para apoyarle cuando las cosas se vuelvan difíciles. Gracias a Marte en Escorpio y a Venus en Libra, esta persona le dará protección, porque usa sus propias experiencias negativas para ayudar a otros. La reina es muy perceptiva y aparece en una tirada cuando necesita tener una mente clara. La carta es señal de llegar al fondo de cualquier cuestión, dejar las emociones a un lado y permitir que sea la cabeza la que tome las decisiones.

Significado de la carta invertida

La reina de espadas invertida indica que su corazón gobierna su cabeza y que no piensa objetivamente porque las emociones distorsionan su percepción de la realidad. Cuando aparece esta carta, puede indicar que alguien está siendo muy crítico con usted o que usted lo es con otras personas. Puede sugerir que se está aislando porque se han activado sus mecanismos de defensa y ha levantado un muro protector a su alrededor. También puede ser señal de pesimismo, amargura e insensibilidad, además de un comportamiento engañoso y cruel.

REY
de espadas

PLANETAS REGENTES: Saturno y Venus   **SIGNOS DEL ZODIACO:** Acuario y Libra   **ELEMENTO:** Aire   **SÍ O NO:** Sí   **PALABRAS CLAVE PARA LA CARTA DEL DERECHO:** Autoridad, claridad mental, integridad, disciplina, verdad, capacidad intelectual, razón, moralidad.   **PALABRAS CLAVE PARA LA CARTA INVERTIDA:** Manipulación, control, cruel, irracional, deshonesto.

Significado del derecho

El rey de espadas representa la autoridad, la disciplina y la estructura. En la baraja de Rider-Waite-Smith, la carta muestra a un rey sentado en su trono, sosteniendo una espada alzada para simbolizar la verdad y su capacidad intelectual. Sugiere que debe usar la fuerza de su intelecto para lograr sus objetivos. Cuando aparece esta carta en una lectura, indica que tiene que usar el cerebro y no el corazón: en estos momentos, la mente debe prevalecer sobre la materia.

Asociada con dos signos de aire, Libra y Acuario, la carta representa la razón, la lógica, la disciplina, la adaptabilidad y el sentido de la moral y la integridad. Es señal de permanecer objetivo y con la mente clara, centrándose solo en los hechos y mostrándose imparcial. El rey de espadas representa la importancia del pensamiento crítico, en especial a la hora de tomar decisiones, para estar seguro de que su elección se basa en hechos y no en sentimientos.

Significado de la carta invertida

El rey de espadas invertido representa la falta de autoridad y disciplina. No está viendo las cosas de forma objetiva y esta carta es una advertencia para usar la cabeza y llevar la razón y la lógica a la situación. Indica que no está siendo imparcial, sino que juzga sin conocer toda la verdad. La carta puede simbolizar el mal uso del poder, la manipulación, el control y un comportamiento cruel. Cuando aparece en una lectura, puede sugerir que está usando su capacidad intelectual para fines deshonestos o egoístas.

5

TIRADAS
DE TAROT

Ahora que hemos explorado las 78 cartas del tarot, aprenderemos a interpretarlas en una tirada. Una tirada de tarot es una disposición de cartas pensada para centrarse en un tema o situación concretos. Cada carta representa una pregunta y, junto con la información del resto de las cartas de la tirada, le ayuda a obtener una visión de conjunto.

En este capítulo, examinaremos tiradas de tres y cuatro cartas, así como la de la cruz celta, más compleja; probablemente son las más populares. En cada tirada observaremos lo que cada carta representa, para ver cómo puede usarlas de forma práctica en su consulta de tarot. Aunque las cartas de la tirada de la cruz celta siempre representan las mismas preguntas, en el caso de las de tres y cuatro cartas existen tantas variaciones que se pueden aplicar a prácticamente cualquier tema y ajustarse a cualquier necesidad.

Lo estupendo de las tiradas de tarot es que le obligan a examinar cada una de las cartas que salen y ver cómo se relacionan con las preguntas que representan. Esto es especialmente útil si se está iniciando en el tarot, ya que le permite tomarse un tiempo para examinar cada carta en detalle, pensar en lo que significa e interpretarla en relación a usted y a la pregunta que representa.

LEER PARA USTED
y para otras personas

Cuando se trata de realizar una lectura, ya sea para usted mismo o para otra persona, el mejor consejo es que practique mucho. Cuando más practique con sus cartas (en lecturas propias o para otros, si lo desean), más confianza adquirirá. Pero, además de extraer una carta diaria, ¿cómo se prepara para una lectura de tarot? En este apartado le acompañaré por los pasos básicos que yo sigo cuando me dispongo a leer las cartas. No se trata de unas reglas rígidas, así que siéntase libre de adaptarlos a sus propias necesidades. Aunque estos pasos son un buen punto de partida, descubrirá que a medida que avanza en su práctica del tarot irá desarrollando su propia manera de prepararse para una lectura.

1. CREAR EL AMBIENTE ADECUADO

Lo primero que hago para prepararme a leer las cartas es crear un espacio apropiado para la adivinación. No existe una forma correcta ni incorrecta de hacerlo; en mi caso enciendo una vela violeta que representa la capacidad psíquica y quemo incienso, pero esta es una elección personal. Me gusta apagar todos los aparatos electrónicos como el teléfono y el televisor, para que no me distraigan. A mí me gusta leer en silencio, pero si lo desea puede usar música para prepararse usted y el espacio.

Dedico un tiempo a purificar mi espacio y herramientas con humo de romero y artemisa, pero usted puede usar otro tipo de limpieza como visualizar una luz brillante para purificar sus cartas. Es importante limpiar la baraja antes de empezar: hay que eliminar cualquier energía no deseada que se haya acumulado desde la última lectura. Por ello, yo tengo una baraja para leer mis propias cartas, y otras para las lecturas de otras personas.

2. PREPARARSE

Una vez he preparado el espacio, me preparo yo. Para ello busco un lugar cómodo donde sentarme, me purifico con humo y practico técnicas de arraigo antes de empezar. Otros métodos podrían ser conectar con espíritus, guías o deidades a quienes desea pedir ayuda para la lectura. La meditación es también una buena opción: medite sobre la situación o sobre aquello que le preocupa y que desea esclarecer a travé de la lectura.

EL FUTURO EMPIEZA AHORA

3. ESCRIBIR LAS PREGUNTAS

Una vez preparado, escriba las preguntas principales. Intente llegar al fondo de la cuestión para que las preguntas se centren en los temas clave. Si la lectura es para sí mismo, podría resultar útil preguntar: «¿Qué necesito ahora?», y observar qué es lo primero que le viene a la cabeza. Responda a esta pregunta con sinceridad y continúe a partir de aquí

4. ELEGIR UNA CARTA SIGNIFICADORA

Se trata de una carta que se escoge conscientemente para representar al consultante, ya sea usted u otra persona. También puede representar la situación, el tema o la pregunta. Esto es algo que no siempre hago, pero puede resultar de ayuda cuando lee para otra persona, porque simbólicamente la sitúa en la lectura.

Como las cartas de la corte (paje, caballero, reina y rey) suelen representar a personas, la carta significadora se suele seleccionar de esta parte de la baraja (*véase* arcanos menores, cap. 4). Puede elegir la carta significadora basándose en cualquier aspecto, como el tipo de energía con la que se la asocia, o por su aspecto físico. Otra forma es basándose en el carácter de la persona o en su signo del zodiaco. Si el consultante es Virgo, Capricornio o Tauro, elija entre las cartas del palo de oros. Si es una mujer, o una persona con energía femenina, la reina de oros sería una buena opción. También puede escoger una carta de los arcanos mayores (*véase* cap. 3 por sus signos del zodiaco asociados). La carta significadora se deja aparte, como recordatorio de la persona en la que debe concentrarse durante la lectura.

5. BARAJAR LAS CARTAS DEL TAROT

No existe una forma correcta ni incorrecta de barajar las cartas. El método más habitual es el de sostener la baraja en una mano e ir sacando algunas con la otra mano. Otro sistema es ponerlas en el suelo o sobre una superficie plana y moverlas para mezclarlas antes de recogerlas de nuevo. Se trata más del estado mental mientras baraja: use este tiempo para concentrarse en la pregunta que ha formulado sobre su situación o el tema elegido.

Barajar las cartas es muy importante para conectar con la energía de las mismas. Si la lectura es para otra persona, puede dejar que las baraje ella, de manera que transfiera su energía a las cartas antes de colocarlas en el orden de la tirada elegida.

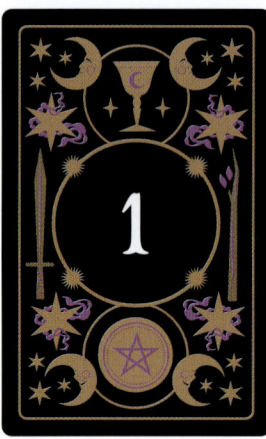

TIRADAS DE TRES
y cuatro cartas

Cuando empiece a leer el tarot se podría sentir tentado a saltar directamente a una tirada compleja como la de la cruz celta (véase pág. 150), pero es mejor empezar por otras más simples. Una tirada de tres cartas es una forma excelente de iniciarse en la lectura de tarot para sí mismo o para otra persona, que va más allá de simplemente extraer una carta al día. Me enseñaron este tipo de lectura en que una primera carta representaba el pasado, la segunda, el presente y la tercera, el futuro. Lo bueno de este tipo de tirada es que las cartas se pueden ajustar a casi cualquier cosa y adecuarse a cualquier necesidad, tema o problema.

Las lecturas de tres cartas son excelentes porque ofrecen respuestas claras y simples, aunque el problema sea complicado. Esto las convierte en una tirada popular para todos los tarotistas, sean principiantes o profesionales. Lo mismo se puede decir de una tirada de cuatro cartas, que puede probar una vez se sienta cómodo con la de tres. Estas son algunas tiradas de tres y cuatro cartas con las que puede experimentar:

Tiradas de tres cartas (de la 1 a la 3):

1. Pasado 2. Presente 3. Futuro

1. Ahora 2. Más tarde 3. Futuro distante

1. Puntos fuertes 2. Puntos débiles 3. Consejo

1. Mañana 2. La semana póxima 3. El próximo mes

1. Usted 2. Su pareja 3. Sus relaciones

1. Acción 2. Sentimiento 3. Pensamiento

1. Problema 2. Causas 3. Solución

1. Usted 2. Su camino actual 3. Su potencial

1. Pros 2. Contras 3. Consejo

Tiradas de cuatro cartas (de la 1 a la 4):

1. Pasado 2. Presente 3. Futuro 4. Resultado

1. Situación 2. Desafío 3. Miedos 4. Lección

1. Pregunta 2. Pros 3. Contras 4. Respuesta

1. Situación 2. Orientación 3. Foco 4. Mejor resultado

1. Necesidades 2. Deseos 3. Esperanzas 4. Mejor resultado

1. Motivación 2. Resultado ideal 3. Valores 4. Probable resultado

1. Físico 2. Mental 3. Espiritual 4. Potencial

1. Positivo 2. Negativo 3. Resultado 4. Consejo

1. Situación 2. Obstáculo 3. Cómo superarlo 4. Lección

LA TIRADA DE
la cruz celta

La cruz celta es una de las tiradas de tarot más antiguas y más populares que existen. Se cree que es de origen europeo (en especial, las islas británicas) y su primera publicación corrió a cargo de A. E. Waite, uno de los creadores de la baraja de tarot Rider-Waite-Smith, en *The Pictorial Key* (1910).

Al principio, la tirada de la cruz celta puede resultar abrumadora, y eso es perfectamente normal. Es una tirada compleja, compuesta por 10 cartas, pero no deje que esto le desanime. He descubierto que, en el caso de la tirada de la cruz celta, la práctica es especialmente relevante: cuanto más la use, más fácil le resultará interpretar las cartas.

Al igual que otras tiradas de tarot, cada carta de la cruz celta representa un tema concreto. Es excelente si desea formular una pregunta específica, porque cada carta le dará información sobre diferentes aspectos, y así obtendrá una comprensión más profunda del tema.

La cruz celta se divide en dos partes: la cruz, con seis cartas, y la columna, con cuatro cartas. A continuación, lea los significados de cada carta de la tirada. En la página siguiente, verá el modo en que se distribuyen las cartas.

1. La situación y el presente.
Qué está ocurriendo en estos momentos.

2. Qué se cruza en su camino — el desafío.
Un problema al que se enfrenta y cualquier obstáculo que se cruce en su camino.

3. El pasado distante.
Acontecimientos de un pasado distante que han influido y originado la situación actual.

4. El pasado reciente.
Acontecimientos recientes y su impacto sobre la situación.

5. Sus puntos fuertes.
Sus puntos fuertes en esta situación.

6. Futuro cercano.
Su futuro a corto plazo y cómo podrían ir las cosas si no cambia de dirección y sigue por el camino actual.

7. Qué le está influyendo.
Qué le está influyendo y cómo esto afecta a la situación y al posible resultado.

8. Influencias externas y del entorno.
Cómo otras personas y su energía impactan sobre su situación, y cómo esto afectará al resultado.

9. Esperanzas y temores.
Cómo sus esperanzas y temores afectan al tema, y, por ello, al resultado.

10. Resultado,
Esta carta muestra la forma más probable de cómo irán las cosas y su resolución.

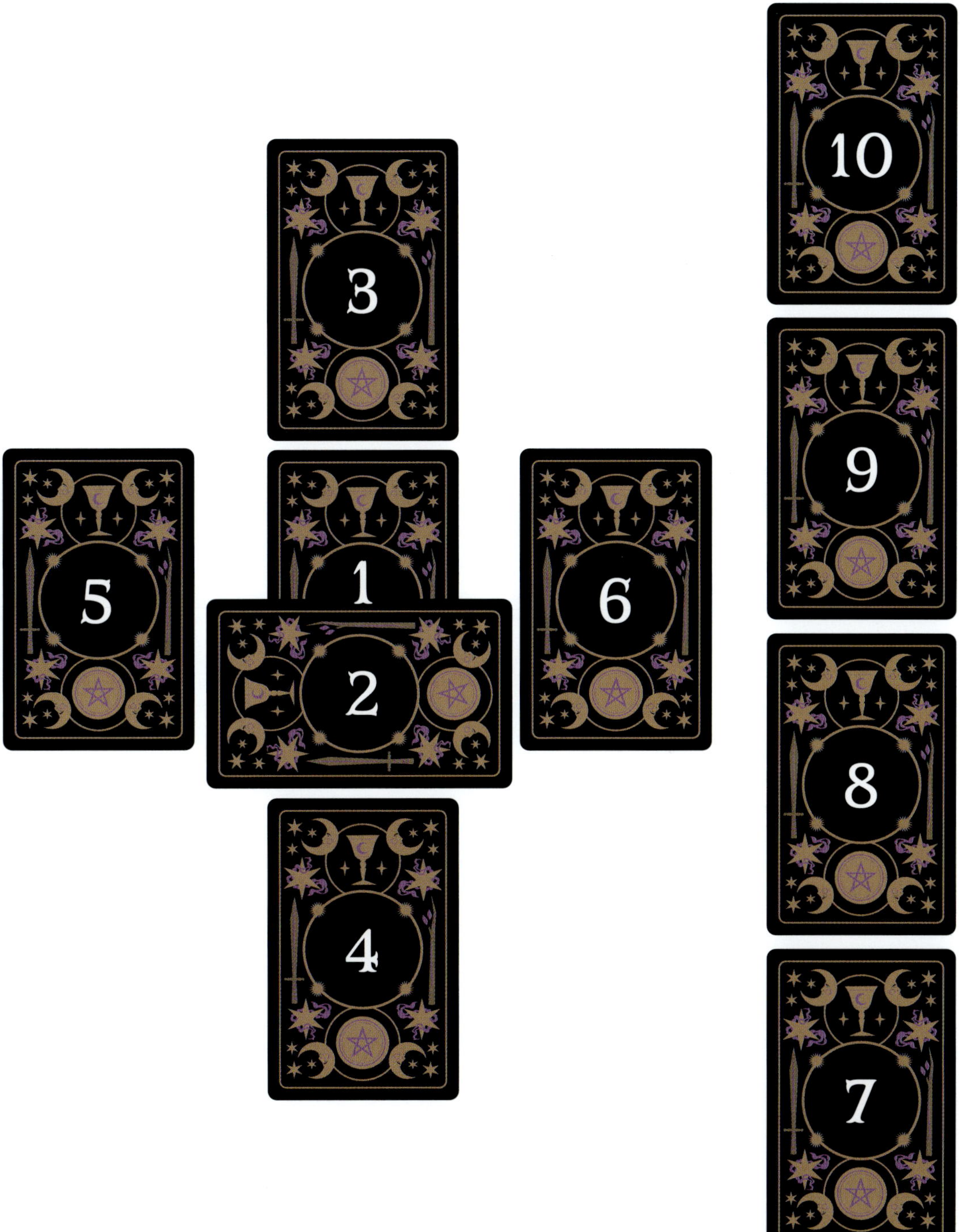

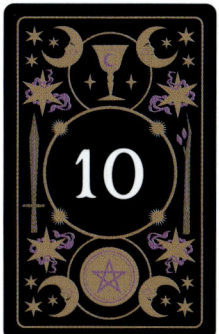
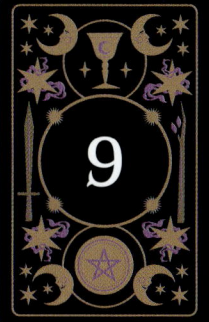

HECHIZOS DE TAROT PARA
ATRAER EL ÉXITO

6

HECHIZOS Y RITUALES CON LAS CARTAS DEL TAROT

Las cartas del tarot son instrumentos de adivinación que le ayudan a conectar con su sabiduría interior. Ofrecen una comprensión más profunda de sus circunstancias, pero también se pueden usar en hechizos y rituales. Cada carta posee su propia energía, y al incluir las que sintonizan con la intención de su hechizo impartirá más fuerza a su trabajo mágico. Incorporar las cartas de tarot en sus hechizos le ayudará con la visualización, porque pueden servir como punto de enfoque simbólico para su tarea. Esto es especialmente útil si está empezando a trabajar con hechizos.

Lo bueno de los hechizos con cartas de tarot es que solo necesita una sola baraja para tener 156 símbolos distintos que utilizar en su trabajo mágico. Todo lo que necesita es seleccionar la carta o cartas que mejor representen su intención u objetivo y elaborar un ritual basándose en ellas. Estos hechizos pueden ser tan simples o tan complejos como desee, y puede emplear velas, cristales, hierbas u otros objetos. En el capítulo siguiente, encontrará una selección de sencillos hechizos y rituales con cartas de tarot que incluyen cristales y hierbas.

Al trabajar con plantas, hay que seguir algunas reglas básicas. Las recetas de este capítulo son casi todas para uso externo. No consuma ninguno de los ingredientes a menos que la receta indique específicamente que puede hacerlo, y solo si está seguro de que no le producirá ninguna reacción alérgica o negativa. En caso de duda, consulte con el médico. No ingiera ni toque jamás una hierba no identificada. Investigue siempre sus hierbas, plantas y especias antes de ingerirlas o tocarlas, y consulte a su médico antes de trabajar con plantas si está embarazada, sufre de alguna alergia o tiene algún problema de salud. Si no se encuentra bien o experimenta una reacción a una planta, acuda inmediatamente al médico. Tenga en cuenta que algunas plantas pueden resultar peligrosas para los animales.

HECHIZO DE TAROT PARA LA PROTECCIÓN

HECHIZO DE TAROT
para la protección

CARTAS DE TAROT: el Emperador (defensa), la Estrella (fuerza y poder renovados), el Carro (protección de los límites personales), cuatro de bastos (protección para usted y sus seres queridos).
HERRAMIENTAS: cuchillo, vela negra (protección), mortero y mano de mortero, papel, plato, turmalina negra (protección), encendedor.
INGREDIENTES: un poco de aceite, eneldo (protege contra la energía negativa), romero (protege del mal), ortiga (protege sus límites). Use hierbas secas.
EL MEJOR MOMENTO: luna llena o luna creciente.

Este hechizo ofrece protección contra cualquier tipo de energía negativa o no deseada. El momento en que lleva a cabo el hechizo es importante y el mejor es en luna llena, cuando la Luna tiene más poder. Como el hechizo trata de atraer o aumentar la protección a su alrededor, también resultará eficaz en luna creciente, ya que esta parece aumentar de tamaño en el firmamento. Los hechizos suelen terminar con las palabras «que así sea». Es una forma de sellar su trabajo mágico, lanzando las energías que se han generado al universo de manera que sus intenciones se cumplan.

Método

1. Con un cuchillo grabe la runa «elhaz» en la cera de la vela negra. Esta es la runa de la protección.
2. Ponga una pizca de cada hierba en un mortero y macháquelas hasta obtener un polvo grueso.
3. Ponga unas gotas de aceite (cualquier tipo servirá) en la vela negra y úntela hasta recubrirla por entero.
4. Extienda una capa fina de hierbas molidas sobre un trozo de papel.
5. Con cuidado, pase la vela por las hierbas.
6. Ponga las cartas de tarot que vaya a usar en un plato.
7. Ponga la vela negra y la turmalina negra en el plato, cerca de las cartas.
8. Encienda la vela y cuando arda, diga: «Que esté protegido de cualquier mal que venga hacia mí. Pido defensa para estar protegido de cualquier energía negativa o no deseada. Que así sea».
9. Deje que la vela arda hasta el final o apáguela soplando con suavidad.
10. Lleve la turmalina negra encima para que le proteja durante el día.

Runa elhaz

HECHIZO DE TAROT
para la prosperidad

CARTAS DE TAROT: el Sol (abundancia en general), diez de oros (abundancia económica), as de oros (nuevos comienzos en temas económicos), nueve de copas (abundancia y contento), la Rueda de la fortuna (buena suerte).

HERRAMIENTAS: bol, citrino (prosperidad), aventurina verde (ayuda para manifestar la prosperidad y la riqueza), monedas o billetes de banco (usted elige).

INGREDIENTES: albahaca (dinero), menta (prosperidad), manzanilla (riqueza), arroz (prosperidad). Use hierbas secas.

EL MEJOR MOMENTO: luna llena o creciente.

Este hechizo le ayudará a atraer cualquier tipo de prosperidad que desee, pero en especial la abundancia y la seguridad económicas. Es mejor empezar a preparar su bol de prosperidad en luna llena o creciente. Como el hechizo trata de atraer la prosperidad hacia usted, sería mejor trabajar cuando la Luna se encuentra en su momento de máximo poder o cuando parece aumentar de tamaño en el firmamento a medida que se acerca a la luna llena.

Método

1. Reúna su bol, las herramientas y los ingredientes.
2. Tome una cucharada de cada hierba y otra de arroz y espolvoréelas sobre el bol.
3. Mézclelo con los dedos mientras se concentra en el tipo de prosperidad que desea atraer.
4. Añada los cristales mientras sigue concentrado en la prosperidad.

5. Ahora ponga las cartas de tarot en el bol.
6. Por último, añada las monedas o los billetes de banco al bol, repitiendo tres veces estas palabras: «El dinero circula, el dinero aumenta, atraigo la prosperidad a mi vida».
7. Deje su bol de prosperidad en algún lugar donde pueda verlo durante el día.
8. Para que la prosperidad fluya, vaya añadiendo de forma regular nuevos objetos al bol: más dinero, hierbas o cristales adecuados, o símbolos de la prosperidad que desea atraer. Es importante recordar que debe retirar los objetos más antiguos del bol, porque así se evita que la energía de su ritual se estanque.

HECHIZO DE TAROT PARA LA PROSPERIDAD

HECHIZO DE TAROT
para soltar cosas

CARTAS DE TAROT: el Colgado (ayuda a dejar ir), la Muerte (nuevos comienzos), la Estrella (esperanza), la Fuerza (fuerza y valor).

HERRAMIENTAS: mortero y mano de mortero, plato, vela blanca (eliminar viejas energías), aguamarina (fuerza), vela rosa (sanación), cuarzo rosa (sanación), vela azul pálido (calma), ágata de encaje azul (paz), vela negra (protección), cuarzo ahumado (soltar), encendedor.

INGREDIENTES: hoja de laurel (fuerza), pétalos de rosa (sanación), lavanda (paz), orégano (soltar).

EL MEJOR MOMENTO: luna llena.

Este hechizo le ayudará a soltar cualquier cosa que lleve encima y que no sirve para un propósito superior, ya se trate de energías no deseadas, cosas del pasado, situaciones o incluso personas tóxicas. Dejar ir algo nunca es fácil, así que es mejor realizar este hechizo en luna llena, para aprovechar el momento de máximo poder lunar.

Método

1. Muela no muy fino el laurel y una cucharadita de cada una de las otras tres hierbas en un mortero u otro tipo de molinillo.
2. Esparza la mezcla sobre el plato.
3. Ponga la vela blanca y el aguamarina en el plato y diga: «Soy fuerte».
4. Ponga la vela rosa y el cuarzo rosa en el plato y diga: «Me estoy sanando».
5. Ponga la vela azul pálido y el ágata de encaje azul en el plato y diga estas palabras: «Estoy en paz».
6. Coloque la vela negra y el trozo de cuarzo ahumado en el plato y diga: «Lo dejo ir y lo libero».
7. Encienda las velas.
8. Repita este hechizo: «Suelto las cosas que no sirven para mi mayor bien. Libero las cosas que me frenan. Poseo la fuerza para dejarlas ir y para atraer la sanación y la paz. Que así sea».
9. Deje que las velas ardan hasta el final o apáguelas soplando suavemente.

HECHIZO DE TAROT PARA SOLTAR COSAS

EL COLGADO — LA ESTRELLA — LA FUERZA — LA MUERTE

EL SOL

EL MAGO

HECHIZO DE TAROT PARA
LA SANACIÓN

LA ESTRELLA

EL MUNDO

HECHIZO DE TAROT
para la sanación

CARTAS DE TAROT: el Mundo (plenitud), el Mago (manifestación), la Estrella (renovación y paz), el Sol (fuerza), cuatro de espadas (restablecimiento y descanso).
HERRAMIENTAS: cuchillo, mortero y mano de mortero, plato, vela blanca (purificación y paz), vela verde (sanación física y emocional), vela negra (protección contra la enfermedad), cuarzo trasparente, amatista, el nombre o una fotografía de la persona para la que realiza el hechizo, encendedor.
INGREDIENTES: una cucharadita de cualquier tipo de aceite, una cucharadita de canela, artemisa, melisa y tomillo. Use hierbas secas.
EL MEJOR MOMENTO: luna llena.

Método

1. Con un cuchillo, grabe la runa «berkanan» para la regeneración, la «sowilo» para la salud y la «dagaz» para la esperanza en la parte inferior de las velas. Grabe las tres runas en cada vela.

2. Muela una cucharadita de cada hierba hasta obtener un polvo fino.

3. Unte las tres velas con un poco de aceite y páselas por las hierbas molidas para recubrirlas.

4. Ponga en el plato las cartas del tarot elegidas para el hechizo.

5. Sobre las cartas deje una fotografía de la persona para la que realiza el hechizo (usted u otra persona), o escriba el nombre completo en un trozo de papel en lugar de la fotografía.

6. Ponga las velas y los cristales alrededor de la fotografía o nombre.

7. Al encender cada vela, repita este hechizo: «Que mi magia sane a (nombre) mientras las velas arden, la enfermedad se irá y la salud regresará. Que así sea».

8. Deje arder las velas hasta el final o apáguelas soplando suavemente.

Runa berkanan

Runa sowilo

Runa dagaz

HECHIZO DE TAROT PARA ELIMINAR OBSTÁCULOS Y BLOQUEOS

HECHIZO DE TAROT
para eliminar obstáculos y bloqueos

CARTAS DE TAROT: la Fuerza (valor), el Carro (determinación y éxito), el Diablo (liberarse de las ataduras), nueve de bastos (resiliencia, persistencia y valor).

HERRAMIENTAS: botella o frasco, citrino (confianza), heliotropo (valor para enfrentarse a los retos de la vida), vela negra (ayudar a eliminar obstáculos), papel y bolígrafo, fuente ignífuga.

INGREDIENTES: agrimonia (romper bloqueos), una pizca de gránulos de café o granos de café (para dar más fuerza), tomillo (elimina los obstáculos mentales). Use hierbas secas para este hechizo.

EL MEJOR MOMENTO: luna menguante o nueva.

Este hechizo es perfecto si se enfrenta a bloqueos y obstáculos, ya sean mentales, físicos o emocionales, y necesita ayuda para superarlos. Como la intención de este hechizo es disminuir los retos que se le presentan, es mejor llevarlo a cabo en luna menguante, cuando parece que la Luna va disminuyendo de tamaño en el firmamento. Puede realizarse también en luna nueva, un tiempo de nuevos comienzos en que puede establecer las intenciones de cómo tiene pensado dejar atrás los obstáculos y los bloqueos.

Método

1. Purifique el frasco, sus herramientas e ingredientes.
2. Ponga los cristales en el frasco mientras piensa en el obstáculo o bloqueo que debe ser eliminado.
3. A continuación, forme capas con cada uno de los ingredientes, uno tras otro, hasta llenar prácticamente el frasco.
4. Escriba en un trozo de papel el obstáculo o bloqueo que quiere superar. Tómese su tiempo y sea lo más específico posible.
5. A continuación, queme el papel en una fuente ignífuga para simbolizar la eliminación de los retos a los que se enfrenta. Deje que arda hasta que solo queden cenizas.
6. Recoja la ceniza y añádala al frasco hasta que esté lleno.
7. Cierre el frasco y séllelo dejando caer cera caliente alrededor de la tapa. Luego, apague la vela.
8. Deje el frasco con el hechizo donde pueda verlo o, si la botellita es lo suficientemente pequeña, llévela encima.
9. Agite el frasco regularmente para darle energía.

HECHIZO DE TAROT
para el amor romántico

CARTAS DE TAROT: los Amantes (amor), as de copas (nuevas relaciones románticas), dos de copas (asociaciones y amor unificado).

HERRAMIENTAS: cuchillo, dos velas rosas (amor romántico), un plato o fuente ignífuga, papel y bolígrafo, cuarzo rosa (amor), rodonita (alimentar el amor), encendedor.

INGREDIENTES: pétalos de rosa de color rosa (amor), lavanda (atrae el amor), semillas de hinojo (amor duradero), una cucharadita de miel (endulza). Use hierbas secas para este hechizo.

EL MEJOR MOMENTO: luna creciente o llena.

Puede realizar este hechizo para atraer el amor romántico. Como se trata de otro hechizo de aumento, es mejor llevarlo a cabo en luna creciente o luna llena.

Método

1. Purifique bien los ingredientes y las herramientas.
2. Con un cuchillo u otro instrumento afilado, grabe en las velas los nombres completos de las dos personas que desea reunir con amor, ya sea usted y otra persona, u otra pareja.
3. Unte las velas con un poquito de miel.
4. Mezcle las hierbas secas (para este hechizo no es necesario molerlas), y espárzalas por el plato o fuente formando un corazón.
5. Ponga las dos velas rosas dentro del corazón, en el plato o la fuente.
6. Añada el cuarzo rosa y la rodonita en el interior del corazón mientras piensa en el tipo de amor que desea atraer, para usted u otra persona.
7. Dibuje en el papel el símbolo de Venus, el planeta del amor, y añádalo al plato entre las dos velas.
8. Ponga las cartas del tarot en el plato o a su alrededor.
9. Encienda las velas y concéntrese en atraer el amor entre las dos personas representadas por las velas.
10. Deje arder las velas hasta que se consuman o apáguelas soplando suavemente.

Símbolo de Venus

LOS AMANTES

HECHIZO DE TAROT PARA EL AMOR ROMÁNTICO

HECHIZO DE TAROT
para desarrollar habilidades psíquicas

CARTAS DE TAROT: la Sacerdotisa (para conectar con su intuición),
la reina de copas (fortalece la intuición), as de espadas (claridad mental).
HERRAMIENTAS: botella o frasco, bolígrafo, encendedor, vela violeta (representa la intuición).
INGREDIENTES: artemisa (refuerza los poderes psíquicos), milenrama (fomenta los sueños
proféticos), canela (eleva la energía espiritual), incienso de jazmín (conexión intuitiva),
trocitos de amatista (refuerza la intuición), hoja de laurel (desarrollo psíquico).
Use hierbas secas para este hechizo.
EL MEJOR MOMENTO: luna creciente o llena.

Este hechizo le ayuda a conectar con su sentido de la intuición y a desarrollar sus habilidades psíquicas. Como se asocia con la atracción y el incremento, como es el caso de otros hechizos de este capítulo, resultará más eficaz si se lleva a cabo en luna creciente o luna llena.

Método

1. Purifique sus herramientas e ingredientes.
2. Queme incienso de jazmín (suelto, en varitas o conos) mientras realiza el hechizo; reforzará las cualidades psíquicas e intuitivas.
3. Tome una botella o frasco (con tapa) e introduzca los trocitos de amatista.
4. Escriba sobre la hoja de laurel la habilidad psíquica que desea desarrollar (por ejemplo clarividencia, clariaudiencia o clara percepción) y concéntrese en ella mientras añade los ingredientes al frasco o botella.
5. Añada cantidades iguales de artemisa, milenrama y canela para llenar el resto del frasco.
6. Si quema incienso de jazmín en polvo, añada un poco al frasco con el hechizo si lo desea.
7. Cierre el frasco y séllelo encendiendo una vela violeta y dejando caer cera caliente alrededor de la tapa. Apague la vela.
8. Ponga el frasco sobre las cartas de tarot y déjelo en un lugar donde trabaje para desarrollar sus habilidades psíquicas, por ejemplo allí donde practica la adivinación.
9. Agite el frasco regularmente para activar los ingredientes.

HECHIZO DE TAROT
PARA DESARROLLAR
HABILIDADES PSÍQUICAS

LA ESTRELLA

LA TEMPLANZA

HECHIZO DE TAROT
PARA ALIVIAR
EL ESTRÉS

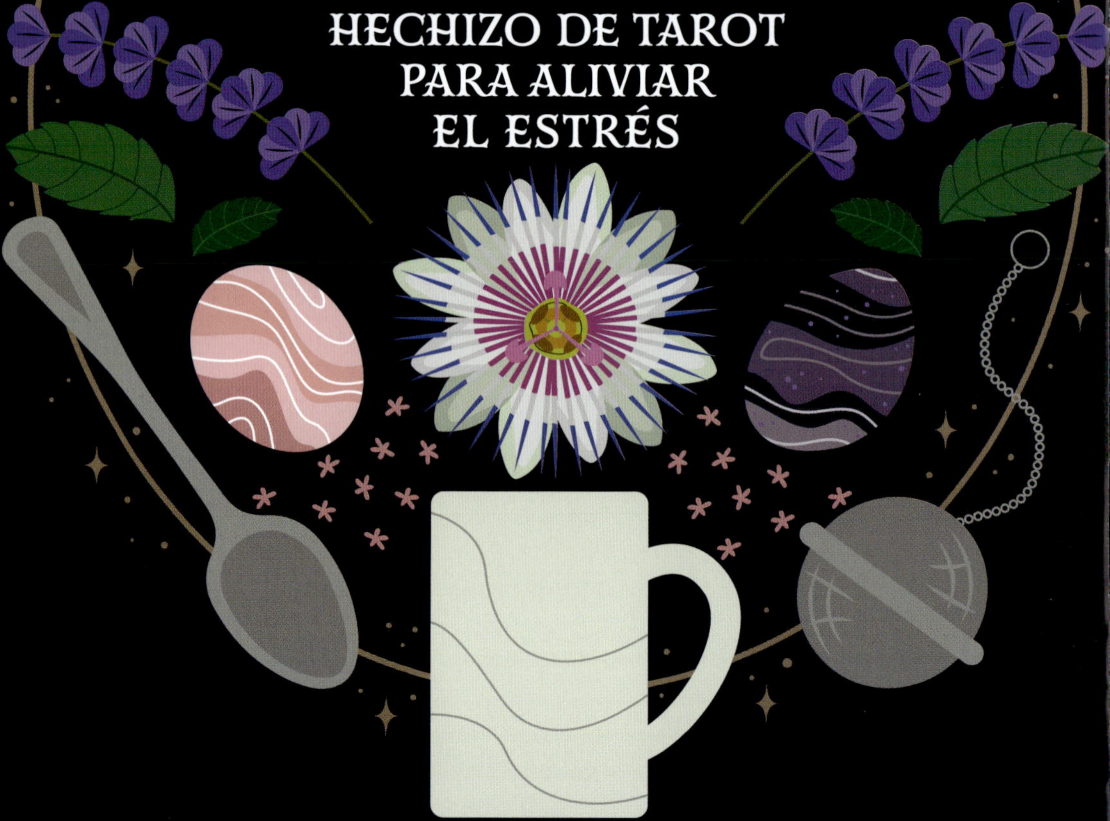

HECHIZO
DE TAROT
para aliviar el estrés

CARTAS DE TAROT: la Templanza (equilibrio interior), la Estrella (paz), cuatro de espadas (descanso y restablecimiento).
HERRAMIENTAS: encendedor, agua caliente, cuchara, su taza preferida, infusor de té.
INGREDIENTES: melisa (alivia la ansiedad), pasiflora (paz), lavanda e incienso de lavanda (paz y tranquilidad), valeriana (calma), cristales pulidos de amatista (alivian la ansiedad y el estrés), cuarzo rosa (sanación), turmalina negra (protección). Use hierbas secas en este ritual.
EL MEJOR MOMENTO: siempre que necesite un empujoncito, pero la fase de luna menguante es mejor.

Este ritual es perfecto si necesita un poco de tiempo para aliviar la sensación de estrés. Prepare una infusión en cualquier momento que precise este apoyo extra, pero es mejor durante la fase de luna menguante porque es un hechizo de reducción y decremento.

Método

1. Encuentre un lugar tranquilo donde no le puedan distraer durante al menos 10-15 minutos y queme incienso de lavanda (suelto, en varita o conos).
2. Purifique sus herramientas e ingredientes.
3. Llene el infusor con partes iguales de hierbas.
4. Llene su taza favorita con agua caliente (no hirviendo) y deje reposar las hierbas de 3 a 7 minutos.
5. Ponga unos cristales pulidos de amatista, el cuarzo rosa y la turmalina negra alrededor de la taza o, si lo prefiere, sosténgalos en la mano.
6. Ponga las tres cartas de tarot alrededor de la taza y medite sobre ellas unos minutos.
7. Remueva la infusión con la cucharilla en dirección antihoraria. Esto es algo que se hace en brujería para eliminar algo; mientras remueve, visualice que su estrés disminuye y es sustituido por sentimientos de paz y tranquilidad.
8. Cuando la infusión esté a punto, ¡disfrútela!
9. Lleve los cristales encima durante el día para que el estrés vaya disminuyendo.

Advertencia: por favor, lea con atención la página 153 antes de realizar este ritual.

BAÑO RITUAL
para el amor propio

CARTAS DE TAROT: la Emperatriz (amor propio) y la Templanza (equilibrio interior y calma).

HERRAMIENTAS: una bañera o un recipiente con agua caliente, una candelita (paz), cuchillo, encendedor.

INGREDIENTES: 150 g de sales de Epsom (una buena alternativa es la sal de mesa o de roca), pétalos de rosa (amor), lavanda (paz), aceite esencial de jazmín (arraigo), 2 trozos de cuarzo rosa (sanación y amor propio).

EL MEJOR MOMENTO: luna creciente o llena.

Este baño ritual es excelente si desea mimarse un poco. Es más eficaz en luna creciente porque es un ritual de aumento, o bien en luna llena para aprovechar el momento de máxima energía lunar.

Método

1. Purifique sus herramientas, ingredientes y cuarto de baño.
2. Prepare el agua del baño.
3. Con un cuchillo, grabe en la cera de la candelita la afirmación «me quiero» antes de encenderla. Déjela en algún lugar seguro cerca de la bañera.
4. Ponga las cartas del tarot cerca de la vela.
5. Añada al agua del baño las sales de Epsom, una cucharada colmada de cada hierba, 3 o 4 gotas de aceite esencial de jazmín y el cuarzo rosa.
6. Mientras se baña, visualice que toda la energía negativa se va difuminando y en su lugar llega el amor propio incondicional.

Nota:

☾ Si no dispone de bañera, use un bol con agua caliente y un puñado de sal, una cucharadita de cada hierba, 1 o 2 gotas de aceite esencial de jazmín y los trocitos de cuarzo rosa. Use esta agua para lavarse de pies a cabeza.

☾ Si prefiere no bañarse con hierbas sueltas, ponga todos los ingredientes en una bolsita de muselina y déjela en el agua de la bañera o del recipiente.

Advertencia: si tiene la piel sensible y propensa a las reacciones alérgicas, haga siempre primero la prueba del parche con una infusión o decocción de las hierbas que piensa utilizar en el baño ritual.

BAÑO RITUAL PARA
EL AMOR PROPIO

LA TEMPLANZA

LA EMPERATRIZ

CONCLUSIÓN

Aprender tarot es como aprender un nuevo idioma. Aprender un idioma extranjero precisa tiempo, dedicación y energía hasta adquirir soltura, y el tarot no es una excepción. Si se inicia en el tarot, podría sentirse abrumado ante tantas cosas que aprender y comprender, pero es una maratón, no un esprint, así que no se presione y tómese su tiempo. Avance a la velocidad con la que se sienta cómodo. El tarot es un viaje para toda la vida; nunca dejamos de aprender, así que el ritmo del proceso lo marca usted.

Mi intención era que el libro no tratara solo sobre el significado de las cartas del tarot, sino que le ayudara a iniciar su práctica de una forma más fácil. Quería incluir cosas prácticas que pocas veces se recogen en la mayoría de guías sobre tarot, como elegir su primera baraja y aprender sobre las cartas de un modo distendido. A menudo, lo más difícil es saber por dónde empezar, así que si es usted principiante, espero de todo corazón que el libro le haya ayudado a encontrar el punto donde empezar a incorporar la práctica del tarot a su vida cotidiana. Espero que le haya servido de inspiración para su viaje y para profundizar en su práctica.

LECTURAS
adicionales

LIBROS SOBRE TAROT EN GENERAL

Shawna Blood, Reading the Tarot: The Ultimate Guide to the Rider Waite Tarot Cards

Xanna Eve Chown, The Little Book of Tarot: An Introduction to Fortune-Telling and Divination

Brigit Esselmont, Intuitive Tarot

Mary K. Greer, Tarot for Your Self: A Workbook for Transformation

Benebell Wen, Holistic Tarot: An Integrative Approach to Using Tarot for Personal Growth

Jessica Wiggan, How to Read Tarot: A Modern Guide

TAROT PARA PRINCIPIANTES

Stefanie Caponi, Guided Tarot: A Beginner's Guide to Card Meanings, Spreads, and Intuitive Exercises for Seamless Readings

Lisa Chamberlain, Tarot for Beginners: A Guide to Psychic Tarot Reading, Real Tarot Card Meanings, and Simple Tarot Spreads

Liz Dean, The Ultimate Guide to Tarot: A Beginner's Guide to the Cards, Spreads, and Revealing the Mystery of the Tarot

Brigit Esselmont, Everyday Tarot

Brigit Esselmont, The Ultimate Guide to Tarot Card Meanings

Vivienne Grant, Tarot for Beginners: A Step-by-Step Guide to Tarot Reading and Tarot Spreads Using Tarot Cards

Mary K. Greer, 21 Ways to Read a Tarot Card

LECTORES DE NIVEL INTERMEDIO

Mary K. Greer, The Complete Book of Tarot Reversals

Mary K. Greer, Understanding the Tarot Court

Deborah Lipp, Tarot Interactions: Become More Intuitive, Psychic & Skilled at Reading Cards

Anthony Louis, Tarot Beyond the Basics: Gain a Deeper Understanding of the Meanings Behind the Cards

Rachel Pollack, Los setenta y ocho grados de sabiduría del tarot. Arcanos menores y lecturas, Ed. Urano.

Michelle Tea, Modern Tarot: Connecting with Your Higher Self through the Wisdom of the Cards

TAROT, BRUJERÍA Y ASTROLOGÍA

Skye Alexander, The Modern Witchcraft Book of Tarot: Your Complete Guide to Understanding the Tarot

Verda Harper, Modern Tarot

Corrine Kenner, Tarot and Astrology: Enhance Your Readings with the Wisdom of the Zodiac

Samantha Novak, Wicca, Witchcraft and Tarot Mastery

Julia Steyson, The Ultimate Guide on Wicca, Witchcraft, Astrology, and Tarot Cards: A Book Uncovering Magic, Mystery, and Spells

Lindsay Squire, Guía de la Bruja del Bosque. Magia de la astrología, Librero, 2024

ÍNDICE ALFABÉTICO

AGRADECIMIENTOS

Quiero aprovechar la oportunidad para expresar mi enorme agradecimiento a todos los que han hecho posible este libro. ¡Ha sido un viaje increíble! En primer lugar quiero darle las gracias a usted, amigo lector, así como a la fantástica comunidad en Instagram de «La Bruja del Bosque», por vuestro continuo afecto y apoyo. Significa muchísimo para mí que se haya tomado el tiempo de elegir y leer este libro. Sin usted y su apoyo nada de esto sería posible, y se lo agradezco más de lo que pueden expresar las palabras.

Siento un profundo agradecimiento por todas las personas de Leaping Hare Press y Quarto, por su apoyo y trabajo duro, sobre todo Chloe, Mel y Lydia, por creer en mí, así como Viki, que ha seguido dando vida a mis palabras con sus bellas ilustraciones. He pasado un tiempo fabuloso trabajando contigo y te estoy muy agradecida por contribuir a realizar mi sueño.

Quiero dar las gracias a mi familia por su amor y apoyo incondicional, sobre todo a mamá y papá y a mi preciosa hermana del alma Rachael. Me habéis ayudado a creer en mí misma, incluso en esos difíciles momentos en que dudaba de mi capacidad.